斎藤行正さんの自然環境農法によるユニーク野菜人生

～土壌の堆肥化を目指す～

心長接ぎを考案し、スイカ・トマト
栽培の名人が新接ぎ木法を駆使し、
芸術的野菜盆栽を愉しむ

三浦佐久子

龍書房

スイカ畠で

行正３歳

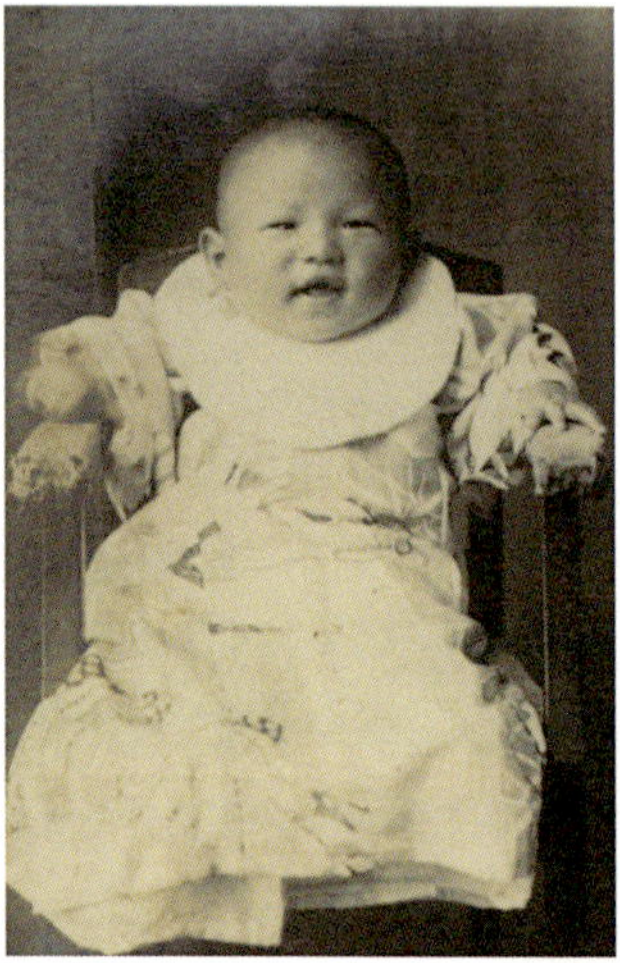
行正赤ちゃん時代

行正小学校入学　上段左端

行正小学６年生　後列中央

行正17歳　東京の魚市場でアルバイト　左から３人目

行正20歳

行正17歳の頃

一人娘の直子さん
ミス関城になる（左）

行正18歳
青年会に16歳で入会　上段左

訪問した妻と民族衣装を楽しむ

斉藤さんの指導風景

露地栽培

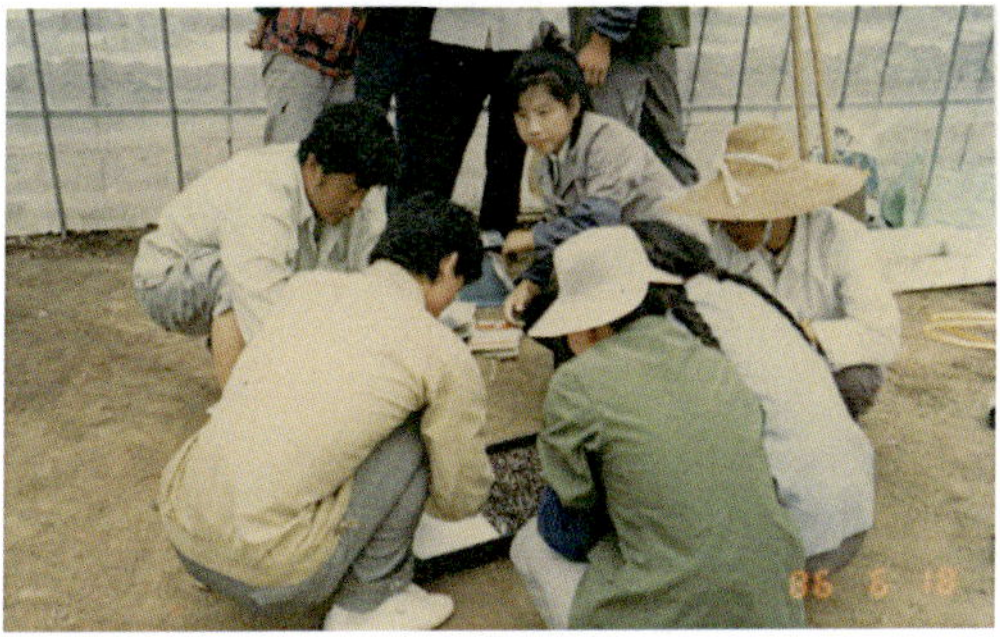

上海試験場

沈陽試験場

露地栽培

大連・休日の散歩

中国農学部（日本の農水省）幹部職員の家族

大連研究所　王所長より晩餐会に招待

北京試験場へ訪れた妻

筑西市文化祭
公民館へ出店

フジテレビ「スーパータイム」放映

◆斎藤行正さんの自然環境農法によるユニーク野菜人生　もくじ◆

第2章　創造性のヤサイ作り　093

第3章　土壌の堆肥化　155

第4章　**野菜の新接ぎ木法の名人（発明）**　191

エピローグ　**仁者は憂えず、知者は迷わず、勇者は懼れず**　217

あとがき　250

斎藤行正さんの
自然環境農法による
ユニーク野菜人生

三浦佐久子

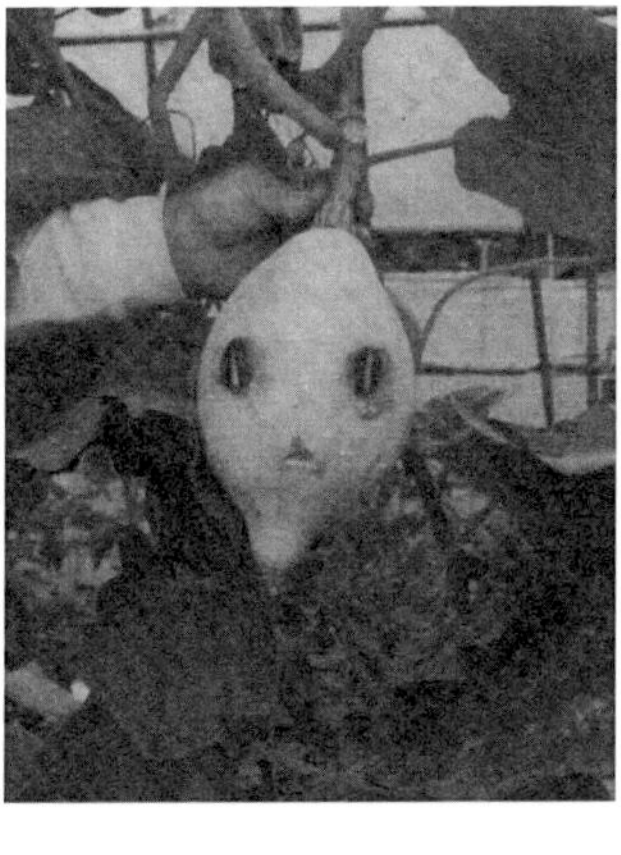

肉眼農法・心眼農法

プロローグ

台風20号が関東沖を通過している時刻、斎藤行正さんは、畑仕事を早目に引き上げて、茨城県筑西市の自宅を出発した。

車の運転手を買って出たのは、従兄弟の吉野さん。東北自動車道を那須板室温泉の「山のホテル」に向かって、ひた走っていた。

二人を迎える私は、「山のホテル」の目の前にある老人保健施設「いたむろ」に入院しているパートナーの介護に付き添っていたので、「山のホテル」まで三分もあれば行かれる。

斎藤さんたちが到着する時刻を見計らって行けばよい。

斎藤さんとお会いするのは何年振りだろう。桐生の「㈱薬草研究所」が閉鎖して以来だから、十数年の歳月が経っている。

「㈱薬草研究所」とは、山野に自生している薬草や、畑で栽培している薬草を原料として、生薬薬湯剤や土壌改良活性剤を開発した研究所である。所長の阿久沢うめよは七十代の老女史である。五十年という人生の大半をかけて、農薬から「地球を救う。人間を救う」という強固な決意のもとに、生薬の研究に取り組み、ついに「芳泉」という薬湯と「長寿元」という土壌改良活性剤の開発に成功し、特許を取得した。「長寿元」は全国の農家に実験農場を呼びかけ十七軒が名乗り出て、その効果をテスト中だった。

丁度その頃、農家は戦後の近代農業のひずみが表出しはじめ、化学肥料と農薬害の問題に苦慮していた。化学肥料や農薬で田や畑の土壌が劣化し、化学肥料や農薬の悪循環に、農家は悲鳴をあげていたのだ。

土壌は作物にとって、人間の血液と同じ、土壌作りは農の基本である。土壌作りに頭を痛めていた斎藤さんも「長寿元」の実験に名乗り出て、漢方農法と銘打った「長寿元」を使った土作りに取り組み、悪戦苦闘した一人だった。

その頃、私は、某出版社の仕事で、開発者阿久沢うめよの取材のため、群馬県の桐生市にある「㈱薬草研究所」を度々訪ねていた。

そこで斎藤さんと顔を合わせた。具体的に実験の結果を聞き、斎藤さんが収穫した、トマトやキュウリ、メロンやスイカを試食して、そのヤサイ類の持つ香りや味の美味さに吃驚した。斎藤さんの圃場を訪ね、お話を伺い、ご縁が出来て農業にさらに関心を向けるようになった。かれこれ四十有余年も前からのお付き合いになる。

その開発者の阿久沢うめよ女史は十五年前交通事故で不慮の死を遂げ、「㈱薬草研究所」は跡を継ぐ者がいなくて、閉鎖された。

従って実験農場はその時点でなくなったが「長寿元」で土作りをした実験農家はこぞって、

「作物の味が良い……」

「作物本来の旨味が復活した……」

「畑の土がよくなった土壌本来の団粒構造が戻った」

「土壌がよくなったので、作物の実りがよい。屑が少なくなり、収穫量に満足している……」

などの嬉しい報告が届くようになっていた矢先だった。

事務所のロビーには、米や野菜や果物などの収穫物が、各地の実験農場から、旬ごとに送られ山積みされていた。

それらは従業員たちによって袋に小分けされ湯治客や、湯に入りに来る土地の者たちが買って行く。美味しいから売店に並べるとあっという間に売り切れてしまう。

が、阿久沢女史が一番頭を痛めていたのは、「長寿元」が社会的に認知されるための方法論が、なかなか見い出せないことだった。かなり難航していた。

実験農場で成功しても、需要が少なければ高価な資材になるから、右から右へ面白いように売れるというわけにはいかなかった。地元の農協と何度も話し合いをもったが、農協が推奨するのは国が進める近代農法だから、化学肥料や農薬を否定する土壌改良剤など動くはずはない。肥料屋も同じだ。倉庫には化学肥料や農薬が大量に山積みされている。大規模農家は既に田圃は国の定める大型圃場に整備され、トラクターを購入し、或はレンタルリースの契約を結んで近代農法が定着していた。

丁度その頃、環境問題がクローズアップし、社会はあらゆる業界に対し、環境保全の部所が組織に位置付けられ、環境局とか環境課が誕生していた。阿久沢女史の「㈱薬草研究所」にも営業マンが訪れていた。特許を譲って欲しい、或は子会社の工場で大量生産を引き受けたいなどいろいろ云ってきたが、阿久沢女史は踏み切れなかった。大企業から声を掛けられるのは嬉しいが、特許を手放したくなかった。従って大企業との交渉に応じるが結果的には頓挫するのだった。

阿久沢うめよには狂気じみた一面があって、一風変った人間だったことも要因の一つだった。何よりも「長寿元」の単価が高過ぎたことが致命的だった。農家は安いコストで生産性を上げたい。阿久沢女史は農家に、ジャブジャブ使えば使うほど、効果が出るといい、農家はそう銭はかけられない。ジャブジャブ使って土壌がほんとに改良されれば嬉しいが、土壌改良にジャブジャブ使って三年は必要ということでは、費用がかかり過ぎる。と敬遠されたのだ。

なかなか農家は飛びつかない。

結局「長寿元」は阿久沢女史の急死と同時に、消えてしまった。が、実は全く無になってしまったわけではない。阿久沢女史の研究に関与していた、四国の或る農業研究者（土壌診断が専門の農学士）が、四国の某製薬会社と提携し製造販売していた。その代理店が千葉の房総にある。斎藤さんはそのことを知っていたが、ストックがなくなった時点で、「長寿元」の使用を諦めた。

同じ茨城の或る米農家の、長寿元農法で作った米が、農林水産大臣賞を二年つづけて受賞している。阿久沢女史がその開発者だということを知った、その米農家が、たっぷりと実って光沢のある米を持参し、桐生へ訪ねてきたとき、斎藤さんも丁度居合わせていた。

その光沢のある米粒も見ている。

「長寿元」は房総の代理店で大量に買って施肥したという。

話を斎藤さんに戻そう。斎藤さんも「長寿元」に相当惚れ込んだ一人だった。実験の途中での突然の閉鎖にショックはぬぐい切れない。がっくりと肩を落としていた様子が忘れられない。が、斎藤さんは切り替えも早い。ぷっつりと「長寿元」を諦めた。

気持ちを切り替えた斎藤さんは、他に土作りの最適な方法はないかと模索をはじめた。農業は一日たりと休んではいられない。

「長寿元」で土壌はよくなった。あとは堆肥だ。完熟堆肥を大量に鋤込む。完熟堆肥の研究だ。そうと決めると堆肥作りに精を出しはじめた。麦殻、鶏糞を主体に牡蠣殻や貝殻、卵殻、籾殻、糠、木の葉、竹藪の酵母菌など身近にある酵母菌を集めて、完熟堆肥に取り組んだ。

堆肥化の効能なら、今更言うまでもない。農家なら当たり前のことだ。しかし、その当たり前のことがなかなかうまくいかない。完熟堆肥を作っている人は少ない。四国の松田農場の土壌作りを参考に述べれば、反当り千貫の堆肥を五ケ年施し、排水深耕を行えば、土壌は堆肥化する。あらゆる植物の根は、堆肥に触れれば必ずひげ根が出る。そのひげ根が出れば葉が大きくなり、葉が大きければ稲なら大きな穂が実り、ヤサイならよい実が収穫出来る。土壌の堆肥化した畑で育った農作物は、病気も害虫もつき難い。

堆肥作りは農家にとって当たり前、重要な作業の一つなのだが、完熟堆肥を作るのは難しい。

松田さんは堆肥を大量に何年もかけて鋤込むとよいといっているが、田畑の土作り、つまり土の堆肥化は、田畑の土そのものを堆肥にしてしまえということだから、この実現はなかなか根性がないと出来ない。輪形経営といって夏作のための土作りと冬作のための土作りによって、相乗効果があるそうだ。畜産場から出る糞尿などの堆肥材料、冬作の麦作の麦藁は稲藁よりもよい堆肥材料だ。さらに青刈大豆がいいという。

ある地方では陶器瓦工場から出る粉砕した「シャモット」が農作物の育成促進や土壌改良に効果があると実験結果を報告している。したがって松田さんは、農業資材は身のまわりどこにでもある。酒や醤油の醸造元……。

間断なく堆肥材料を集める、不撓不屈の心がけがなければ出来ないことである。農作物の一切の支配権は土である。その土作りをするのが農業人だ。農作物は土が作ってくれる。

地下部の作物の根の蔓延と健全のために、土作りを考える農家を松田さんは「心眼百姓」といい、地上部の葉や茎のみを見て化学肥料で作物をそだてている農家を「肉眼百姓」と呼んでいる。

目的は土を肥やすことだから、腐った堆肥では効能がない。だから堆肥は完熟堆肥でなければならない。

「長寿元」のキャンペーンで、北海道の旭川の農協を訪ねたことがある。旭川はジャガイモの生産地でそうか病ではない、はじめての病気が出て、原因が分からなくて困っていた。堆肥に問題があるかと、現場に案内されて見に行った。刈り取った田圃にもみ殻を山のように高く積んで、堆肥を発酵させている最中だった。季節は秋のさなかで稲藁や木の葉、酪農家から大量に出る牛糞、木材工場から出るおが屑や山の腐葉土、あるいは身辺にある酵母菌など、田圃の中に大きな山が二つ並んでいた。近づくと発酵中なので一種異様な臭いが立ちのぼり、あたりに漂っていた。この堆肥作りの発酵にも「長寿元」は発酵効果を促す役割がある。松田農場の一期生だった、九州のミカン農家の岡田哲也さんが同行していて、岡田さんがその堆肥の発酵具合を観察し、コメントしていた。

その辺はじゃがいもの産地で、来春の畑に鋤き込む堆肥だった。まだ至る場所から湯気が上っていて、素手では火傷するほどの高温だった。

斎藤さんの実験農場へは、私はだいぶ足繁く通ったが、堆肥作りに精を出しはじめた斎藤さんは、

「俺は「心眼百姓」だ。よーし「長寿元」を使って、完熟堆肥作りを成功させ、土壌の堆肥化を、絶対やってみせる」

そう宣言して、確実に実行したのだった。

「長寿元」栽培で、斎藤さんの作ったトマトやキュウリ、メロンや西瓜は、十

分、吃驚するほど美味しかった。それぞれのヤサイの旨味が十分のっている。昭和ひと桁生まれなので、私は本物の野菜の旨味を知っている。子供の頃、親戚の農家へよく遊びに行き、畑に行く伯父や伯母について行って、もぎたてのトマトやまくわうり（メロン）を、畑の土手で顔中果実の汁でびしょびしょになりながら食べたものである。

昔は化学肥料や農薬など使用していなかった。作物本来の味を味わった。昔の味を舌が覚えている。戦後の現代農法で作った野菜類の無味乾燥な味の無さには辟易していた。

さて、そんな次第で斎藤さんの土壌や堆肥に拘泥る執念は、驚異的だった。よいと思う資材は片っ端からテストした。

一つ腰を抜かすほど驚いたことがある。ある日訪ねると、

「土を見てくれ」

と云って、幾つか並んでいるハウスに入った。トマトの苗木が植えてあった。いきなり土を掴んで、

「いい土になったろう。ほら、食べられるよ」

と云って、土を丸めて口の中に放り込んだ。

時には土の上に座り込んで一升瓶を突っ立て、土と酒盛りをはじめた。昼酒なので斎藤さんはほろ酔い気分。ちょっぴり涙など流して、

「人間様だけが、酒好きじゃぁなかんべ。お前ら土殿たちだって酒呑みてえよな。酒飲みゃぁ元気が出っぺ。さ、呑め、呑め大判振舞いだ！　呑め呑めいっぺい呑んで、元気な土になってけれよ」

呪文のように愛情あふれる言葉を掛けながら、じゃぶじゃぶと酒を土壌に撒く話は有名だ。

戦後の農業政策によって、化学肥料や化学農薬が推奨され、労働力不足の農家

は手間をかけずに大収穫を得られる現代農法に、何の疑心もなくほくそ笑んだ。が、ほどなくして現代農法の弊害が顕著になった。

化学農薬は田圃や畑の害虫駆除どころか益虫まで絶滅に追い込んだ。いなごや赤トンボの姿が消えた。どじょうやタニシもいなくなった。里山の小鳥の囀りも少なくなった。まさしくレイチェル・カーソンが警告した「沈黙の春」がやってきたのである。

作物にとって一番大事な土壌が酸性化し劣悪になり、化学肥料や農薬を使わなければ作物が収穫出来ない。悪循環が繰り返され、心ある農家はその悪循環にやっと気づきはじめた。

さらに農薬散布の際に浴びる微量の農薬によって、農業に携わる人々が、原因不明の、医者にいっても病名のつかない貧血や立ち眩み、食欲不振や下痢、体がだるいなどの症状が出はじめた。消費者も、農薬害を危惧し、無農薬野菜を買うようになっていた。

　アメリカの女流海洋微生物学者レイチル・カーソンの「沈黙の春」が寓話的警告書として出版され、世界中に翻訳されて話題になっていた。これ以上化学農薬を撒きつづけると、やがて地球上には蝶も虫もいなくなり、小鳥も鳴かない沈黙の春がやって来るという、寓話的警告書だ。日本語版も出版されて、環境保護問題が大きな社会問題になったのである。一九〇〇年の頃でかれこれ三十年も前のことだろうか。

　戦後の現代農法、つまり化学農法がもたらす土壌の劣化、荒廃は、土壌の酸化による土の生命ともいうべき微生物の死滅だった。微生物によって保たれる団粒構造を失い、堅い塊まりの土壌になった。

　阿久沢うめよが考案した「長寿元」は、この劣悪化した酸性土壌を改良する。十数種類の生薬を原料とした農業資材「土壌改良活性剤」によって、見事に土壌を蘇生させるというものだった。

レイチル・カーソンと時を同じくして、化学合成肥料や農薬の恐ろしさに気づいたうめよ女史。私は、人間的な運命の出会いを感じる。が、阿久沢うめよは最後のステージで、交通事故死という不運に見舞われ、残念だった。「長寿元」の不運もまた、日本の農業資材として普及せずに消えてしまったのは、大きな損失だし残念で仕方がない。新資材が開発された当時は、需要と供給のバランスがうまくいかないから、高価なのは仕方がない。普及すればどんどん値は下がる。どんなにいい資材も問題はその販路の普及にある。

「長寿元」も丸の内に本社のある明和商事が名乗りを上げたとき、手放せばよかったと私は思っている。当時、企業に環境問題が義務づけられ「地球に優しい製品づくり」とか「無農薬による新鮮ヤサイ」とかの、社名の入った看板が目につくようになっていた時期だったから、大企業に託すべきだったのである。私も会議に何度か参加して、うめよ女史を説得したが駄目だった。

明和が全面的にバックアップするというのを、阿久沢うめよは断った。田舎者の婆さん的感覚のうめよ女史は、難産の末生み落としたわが子を手放せなかった。特許権に固執したあまり、交渉に失敗したという経緯がある。

近代農業が直面した農業の岐路ともいうべき、化学合成農法の弊害はあっという間に世間に蔓延し、消費者も心ある農家も無農薬農法に舵を切り替え、政府も遅まきながら動き出したのだった。

無農薬農法を合言葉に、従来の堆肥型農法による有機栽培や環境自然農法に取り組むようになったのだ。しかし一旦劣悪化した土壌はそう簡単には改善されないと、化学肥料や化学農薬を憚ることなく使っていた農家もまだかなり多かった。

ある農業人の集まりに参加したとき、富山県から参加した若者が、

「農薬を使わないで、何が出来る。俺は化学肥料も農薬もじゃんじゃん使うよ。

折角収穫が良くなって、収入も満足しているのに――、逆戻り出来るかってんだ!!」

　と啖呵を切っていた。

　土作りに命をかけていた「心眼百姓」の一人に、前述した九州熊本のミカン農家、岡田哲也さんがいる。「長寿元」農法に惚れ込み、九州から飛行機で桐生の阿久沢うめよ女史の元にやって来た。この岡田さんは若いとき、松田喜一さんが創設した「松田農学校」で農の基本を学んだ、頭脳的、哲学的農業を試みてきた生粋の農業人だった。農魂を叩き込まれた人だった。無農薬生産物の買取と卸売りが本業で、ミカンは副業として生産していた。岡田さんが作るミカンは小粒だが、ミカン本来の旨味が凝縮していて、瑞々しくほんとに美味かった。「長寿元」を使った自然農法だった。一切農薬を撒かない。化学合成肥料は使わない。土の堆肥化を目指した土作りは、腰までも伸びた雑草を畑に鋤き込んで「長寿元」を撒布する。どんなに草が生えてもむしらない。鋤き込んだ草は土に還元するからだ。「長寿元」は土を鋤き込んだときと、葉が出はじめたときにたっぷり撒布するだけ。肥料は自分で発酵させた完熟堆肥。あとは自然に任せればよい。自然が作ってくれる。松田農学校で学んだ「農は自然に学べ」のおしえを実践した人である。

……米や麦、野菜などの農作物は自然が作ってくれる。農業従事者はひたすら土作りに励めばよい。一にも土、二にも土、三にも土、土作りが農業の基本である。あとは自然の気候がすべての農作物を作ってくれる……

そう提唱したのが松田喜一さんだった。

松田喜一さんは戦後間もない九州熊本で、日本農友会を創設し、私塾の農学校を開設して「農魂」を持った農業人の育成に生涯を捧げた人物である。

当時、敗戦後の日本は、焦土と化し疲弊した国土と、魂を抜かれたような無気力な人々が溢れ、暫くは途方に暮れた。

国土も人々も疲弊しきって復興の兆しもなかった。松田さんは昭和二十六年一冊の本を出版した。「革新農法」を提唱し、熊本地方の農家の後継ぎに呼び掛けたのである。

農は国の根幹、基幹産業である。しかも個の力により、古代から現代に至るまで受け継がれ守られてきた。その個の力を支えてきたものが自然である。人間の個の力と自然が一体になったとき、いのちの源となる作物が生産される。私は「革新農法の巻」を読んだとき、松田さんが云わんとしていることは、人間は自然の摂理によって生かされている。ということを忘れてはならないということだ。自然から受ける恵みによって生かされている。

特に松田さんは、農に携わる者は農魂を持って、百姓せいということを悟した。いわゆる「肉眼百姓」ではなく「心眼百姓」になれということである。

岡田哲也さんは、その松田さんのおしえを徹底して守った「松田塾」の優等生だった。阿久沢うめよ女史も岡田さんにすっかり惚れ込んで、お互いに「長寿元」の普及に日本中をキャンペーンして歩いたのである。北海道の旭川に行ったのも、その一環で、旭川市場の招待だった。

松田さんが提唱した「革新農法の巻」の中に「肉眼農法」と「心眼農法」という言葉がある。農業の基本中の基本である土作りの中で、特に強調している信念だった。

稲作りは土作れ
麦作りも土作れ
甘藷作りも土作れ

すべての作物にいえる一語だ。この一語に帰着する。農作物の一切の支配は土である。農業に携わる者は、この土作りにいのちを賭けることである。

「肉眼百姓」とは、地上部の茎葉の繁茂のみを望んで、つまり茎葉のみを見て、化学肥料をどんどん施肥栽培している百姓のことだ。「心眼百姓」とは、地中部の根の蔓延と、根の健全を願って、専ら土のことを考える百姓のことである。

農作で怪我する百姓、秋落ち百姓、鎌入不足百姓は悉く「肉眼百姓」で、秋勝ち百姓、不作なし百姓、俵数の多い百姓は、根作りに成功した即ち土作りに精根をつくした「心眼百姓」である。一眼見て直ぐ分かる草木の高さが根の長さである。と、松田喜一さんは云う。

終戦後の食糧難時代に「革新農法」を推奨し、増産を計った松田さんの農法は、時代を経ても決して過去のものではない。現代農法のひずみを反省するうえで、誠に農業の真髄を言い当てた、自然の摂理にかなった、現代社会の中で理にかなった新鮮な農法である。これからの日本の現代農法のバイブルにすべきと、私は思う。

第1章

農に目覚める——生い立ち

早退常習犯の少年時代

小学生の子供たちは理屈抜きで遊びが好きである。がむしゃらに遊びまくる。勉強より遊びのほうが好きだった。遊びの嫌いな子供なんて三千世界訪ねてもいない。

とくに農村地帯の子供たちは、学校から帰るとランドセルを上がり框に放り投げ、母親が戸棚の中に作って用意してくれた味噌をまぶした握り飯を二、三個ぺろっと食べ、家を飛び出す。友達が集まる場所は示し合わせたように決まっていて、山や川へ出掛ける。

山では木登りをしたり、土蜂の巣を取ったり、子供とも思えない想像力をはたらかせ、創造力の限りを尽くして、遊びを捻り出す。瞳をらんらんと輝かせて遊びまくる。

川や田圃の水場では篠竹で編んだ竹筒を、田圃の水取り口に仕掛けて、うなぎやどじょうがかかり大はしゃぎだ。

「行ちゃん。行くべ」

行正君が、握り飯をまだ頬張っているうちに、友達が誘いに来る。

が、その日行正少年は、

「俺、今日はダメなんだ。父ちゃんの畑の草むしりなんだ」

終わったらあとから行くから、どこさ行けばいいのか、おしえてけれ……素直な行正少年は明るく云った。早く終わらせてすぐ行く。と、行き場所を早く云えと催促し、何故かそわそわと焦っているのだった。

手には味噌をつけたおむすびがべたべたとついている。父は、

「行正、行くぞ！　いつまで握り飯喰ってんだ――早くしろ」

裏のあまやのほうから父の声がする。行正は、迎えに来た友達を押しのけて裏口から飛び出した。

草むしりは行正少年の仕事で、幼稚園に行く前からの手伝いだった。本宅にいたとき祖母に連れられて、屋敷の中の畑の草むしりを手伝った。本宅には行正より二つ年上の従兄弟がいたので、その従兄弟も一緒だった。

「行きちゃんは、草むしりが上手かった。一生懸命で疲れなかったかい?あんまり熱心なのでびっくりした。ほんとによくやったね。婆は行きちゃんが大好きだよ」

と、夜、婆の蒲団に一緒に寝たとき、婆に褒められた。

行正はそんな幼い頃のことを思い出し，任しとき、俺、婆ちゃんに褒められたんだ。草むしり大好きだよ……と、友達に云って、得意になっていた。

「ほら、草は根っこから抜かんと、直ぐまた生えっぺ。そんな浮かれたようなふわふわした調子じゃなく、身入れてしっかりやれ」

父親は鍬を振り上げながら、行正少年の浮き浮きした様子に、ときどき活を入れた。

行正少年は、小学校四年になったばかりである。

「……そろそろお前も、畑さ出て、草むしりくれいしろ」

父親がそう云って、畑仕事に連れ出そうとしたとき、

「いくらなんでもまだ早いでしょ。小学校の四年生ですからね。行正が可哀想ですよ。せめてあと一、二年、小学校が終わるまで待ってあげて下さいな」

母が必死で頼み込んだ。母が心配するのも無理はなかった。行正は、子供の頃は小柄で痩せっぽで、風が吹けば転びそうな華奢な少年だった。畑仕事などとても無理だった。

「お前は長男だ。長男は親の跡を継ぐんだ。子供の頃からしっかり認識させない

でどうする。母ちゃんは黙ってろ」

父親は母の心配など無視して云う。

「百姓仕事は猫の手も借りたいくらいだ。草むしりなど畑の仕事と云えるか。行正で十分だ」

百姓は草との闘いといわれているのに、父親は俄か百姓だから、草取りを甘く見ている。

人を頼めば手間賃がかかる。そんな金どこにある。と経済観念だけが頭から離れない。

母親は心臓の病気で働けない。行正を頼るしかない。行正は跡取りだという、父親には考えがあった。

「なに、鍬や鋤を持たせるわけじゃない。草むしりくらい体が小さくたって出来る」

何、もう草取は一人前だ。と、頑として父親は厳しい姿勢をゆるめなかった。戦争中のことを振り返ってみろ。中学生が若鷲とかおだてられて、少年航空兵として戦争に参加したじゃないか。まだつい此の間のことだ。何年も経っていめえ。終戦間際の頃、最も空襲が激しくなると、小学生なんぞは学童疎開で親元を離れた。見知らぬ土地で暮らしたんだぞ。ろくに勉強どころじゃなかった。国が亡びるかもしれないという一大事だった。あれで結構子供たちは逞しくなった。可愛い子には旅させろという言葉もあるじゃないか。

「行正も、逞しくなるぞ！　可哀想もへったくれもあるか」

農業は草との闘いといわれるほど、草むしりは一刻とおろそかにするわけにはいかない。それをか弱い子供に担わせるのだから、母親としては気が気ではなかった。

まして父親は、学校を早退させてまでやらせる。行正は文句も云わず、

「行、明日も学校早引けしてくれっか？　父ちゃん助かるよ。畑仕事というのは、神代の昔から農は草との闘いと云ってな、草むしりは大事な仕事なんだ。お前が頑張るので、父ちゃん嬉しいよ」

行正少年は根が純粋で素直な性格だった。父が喜んでいると思うと嬉しかった。父親には絶対服従、逆らわなかった。

「父ちゃん。俺、毎日だっていいよ、午前中で早引きしてくる」

と、歯切れよく答える。休む日もあったから行正の出席日数は六十パーセント、先生も家庭の事情にクレームはつけなかった。

世の中はまだ戦後の復旧が遅滞して、社会秩序は乱れ、行政自体が無政府のような状況だった。焼け野原の東京に疎開先から学童疎開をした小学生がぼちぼち戻りつつあった程度。親戚を頼って田舎へ疎開した学童は、そのまま田舎にとどまる子供もいた。

行正少年も父親の都合で疎開組と同じ、父親の兄が跡を継いだ実家に居候したのだった。

学校を休んだり早退して、父の畑の手伝いをしていることが、担任をはじめ校長や他の先生方が知っても、戦後の荒廃した当時は、学校側は何も云えなかった。敗戦後の日本の食糧難事情や家庭状況は、言語に絶する情況だったし、それに性格的に明るい行正少年の、

「父ちゃんの手伝いです。草むしり……」

と、悲惨さや疚しさの微塵も感じない明るい声で、担任の先生に告げるので、

「……そうか。勉強も大事だ。忘れずしろよ」

「はい。夜します」

そそくさと教科書やノートを鞄に詰めると、教室を飛び出して行く行正を見送るしかなかった。

「あら行きちゃん。今日も早引きして父ちゃんの手伝いかい。感心な子だね。頑張れや」

昼時の通学路を走って帰る行正に出会うと、近所の人達からも、応援の声がかかる。

敗戦による父の転職と貧乏生活

父親の名は斎藤麻吉。父親の実家は、行正少年の家のある同じ関城町板橋の江戸時代からつづく旧家だった。見渡す限り田園地帯の中に建つ豪農だった。江戸時代に栄えた関宿までは僅かな距離で、関宿は今も賑やかな繁華街なので、農閑期にはみなで遊びに行った。

父親はその旧家の次男坊だったから、長兄が跡を継ぎ、家を出た。旧制中学を出して貰って、日立製作所に就職し、サラリーマンになった。太平洋戦争がなければ、父親は農業などに転職しなかった。父親の稼ぐ給料でそれなりに中流の生活を送っていただろう。息子の行正君の人生も大きく変わっていた筈である。

昭和十六年十二月八日アメリカとイギリスに宣戦布告をしたのは日本だった。開戦時こそ華々しい戦果をあげたが、負け戦へ雪崩れ込んでいくのは早かった。昭和十九年には太平洋沿岸は、アメリカの敵艦隊の艦砲射撃が激しくなり、父親の勤める日立鉄工所は日夜の艦砲射撃で壊滅状態になり、会社は閉鎖した。

父親は日立を引き揚げ、家族を伴って郷里関城町の実家へ逃げ帰った。転がりこむしかなかった。年老いた両親と跡を継いだ長兄の世話にならざるを得なかった。年老いた両親が健在だったから、何も云わずに受け入れてくれたが、戦時色一色の時世に、収入を得る働き場所はなく、父親は、馴れない手つきで長兄の農業の稼ぎ手になろうと、懸命に手伝った。

昭和二十年敗戦を迎え、焦土と化し荒廃した日本は、ますます混沌とし、人々は生活の目途もたたず路頭に迷うばかりだった。無口になるばかりの父親に、両親と長兄は行正家族の今後の生活について話合い、結論を出してくれた。田甫五反歩、畑五反歩を貰って分家することを了承したのだった。本家の近くに小さな家を建て、実家を出て、そこへ行正家族は移った。

長兄の農の手伝いをして覚えたとはいえ、父親は農業の基本も知らず、田畑《でんぱた》僅か一町歩、ずぶの素人が果たして農業で家族を養っていかれるか、不安の色を滲ませた。が、父親は両親と長兄に深々と頭を下げた。行正たちの苦労のはじまりだった。分家斎藤家の貧乏暮らしのはじまりである。

田畑合わせて一町歩、田畑を増やさない限り、何年経っても家族が喰っていくのがせいいっぱいだ。

父親は合間に日銭を稼ぐために何でもやった。本家の田植えや稲刈りは当然、隣近所の大百姓の家の田植えや田の草取り、秋には稲刈りと、躰を酷使した。頼まれれば炭焼きや山仕事もやった。伐採や枝おろし、灌木の下草刈りなど慣れない仕事に出て、手間賃を貰うのだった。

夜は夜で縄をなった。なった縄で俵を編む。機械を購入して生産性の向上を計ったり、技術の向上などは父親が得意とするところで、日銭を稼ぐには一番適した内職だった。

原料の藁は自分のところの田圃から出るし、兄貴のところからも幾らでも手に入る。

特に稲藁は青みがかった固い藁が大切で、父親の作る俵は評判だった。俵作りの名人とまでいわれた。鉄工所に勤めていた経験が生かされたのだ。何をやっても器用な父親だった。

中学生になると行正少年も、父親に倣って夜なべ仕事の縄なえや俵作りを手伝った。

「おめえのは、締めが足りねえ。米が首掛かりすっぺ」

と、父は珍しく冗談を云いながら、行正の手を取り、力の入れ具合を手ほどいた。

上がり框の土間に筵を敷き、父子は並んで座って縄をなった。じょりじょりとあまり聞いたことのない音が夜中まで辺りに響いた。薄暗い裸電球が恨めしかった。

「父ちゃん。何で電球百《ワット》灯けねえの？　灯ければいいべ」

行正が云うと、

「電気代上がっぺ」

父親は一言云ったきりだった。不穏な空気が流れ、そうか——と、行正少年はあとは逆らわず黙った。二人は無言で縄をなう。じょりじょりという縄をなう音だけが、夜更けの土間に響いていた。

昭和二十年八月十五日終戦を告げる天皇陛下の玉音放送のあった日、行正は、まだ二歳半だった。家族で日立から引き揚げてきたことなど覚えていない。記憶におぼろげながら残っているのは関城町の実家に着いて、祖父母や伯父の家族と一緒に大人数で生活していることが、当たり前になっていた。三、四歳になっても、何の疑問もなかった。ただ大きな家が、夜になると化け物みたいで怖かった。奥の座敷へなど行かれない。一歩踏み込むと化け物に吸い込まれそうだった。

父親と母親が居候で小さく卑屈になっていることなど、幼児の意識では思慮《おもんばか》ることも出来ない。従兄弟たちと奥の座敷を覗いたりして、きゃぁきゃぁ大騒ぎしたことははっきり覚えている。

父親が分家したのは、行正が小学校に上がってからだった。

我が家が貧乏だということを認識したのは、二年生になった頃で、学校にお弁当を持っていくようになってからだ。

毎朝母を困らせた。お米が無くなって、朝からうどんの日は、お弁当もうどんだった。お弁当にうどんをどうやって詰めるのか、おつゆがこぼれるからご飯にしてくれと母を手こずらせた。母親は野菜炒めにしたり（現在の焼きうどん）、卵かけご飯を詰めたりして、苦労しながらいろいろ工夫した。

「おめえんちの母ちゃん凄いな、ちょっと食わせろ――」

などと友達が珍しがった。

ご飯が半分、さつま芋が半分。つぶして塩をまぶしたじゃが芋だけのときもあった。その頃は包み紙が新聞紙だったから、新聞紙で囲ってみんなに見られないようにして食べたことを覚えている。

「おめえんち貧乏なんだな」

「貧乏、貧乏」

と、囃し立てられ、思わず女の子をぶん殴ったこともある。

戦後の日本の食糧難事情の劣悪は、高度経済成長期の入り口である昭和三十年代初頭まで続いた。田畑合わせて一町歩も農耕地があるなどは恵まれた部類だった。自給自足で生きられると羨ましがられたほうだった。

都会に住む子供たちは常にひもじかった。昼のお弁当が焼きうどんやさつま芋でも、食べられるものが身近にあるだけで幸せだった。

心臓を患う母の苦悩

行正少年が小学校二年生の頃から、母親は寝込むようになった。心臓病が悪化したのだ。寝込むようになったが、家事は母以外に出来るものがいないから、母は寝たり起きたりしてやっていた。決して無理をしてはいけないと医者から、厳しく注意されていたが、やむを得なかった。

母が元気だった頃の思い出は、小学校の入学式に父兄同伴で出席したとき、母は行正が見たこともないよそ行きの着物を着て、髪を高く結い薄く化粧をして、別人のように美しかった。

「俺んちの母ちゃんは綺麗だ。日本一だ！」

と思って見とれた。ほんとに俺の母ちゃんかよ。と疑ったくらいである。それ以来元気で綺麗な母を見た記憶はない。

いつも食事の世話をして片付けが終わると、母は座布団を枕に横になっていた。たまに庭の草むしりをはじめると、眩暈がして倒れてしまい、父親が家に担ぎ込んだ。

病院通いがはじまり、病院へは父が付き添ったが、薬貰いは行正の役目だった。

「俺が、行くよ」

と云ったのだった。母ちゃんの役に立つことが嬉しかった。まとまった薬代が払えず、母親が躊躇しているときなど、行正は、わざと空元気を見せて、

「子供だから金は無くすと困るから持たせられなかった。ってね。あとで父ちゃんが持ってくるって……そう云うよ。大丈夫だ」

子供のくせにそんな方便まで考えて、一目散に病院に向かって走り出す。

母親の実家は下館の良家で、母は女学校まで出して貰ったお嬢さんだった。女学校を卒業すると、当時は、女の働き口（就職口）などないから、とくに良家の娘は大方が嫁入り前の行儀見習いをして、さっさと結婚するのが普通だった。

行正の母親も下館の町の有力者の世話で、東京のアサヒ硝子の社長の家へ見習い奉公に行った。仕事は女中さんと同じだが、女中さんと違うところは、社長の奥さんが日常の行儀作法とか教養などをおしえてくれる。女の嗜みを仕込んでもらうのだ。

年頃の娘を預かっているので、その娘を気に入ると、奥さんは縁談まで世話することもある。行正の母親もアサヒ硝子の奥様に気に入られて、東京で縁談を薦められたが、親戚や下館の有識者の薦めで、行正の父親と見合いをし、結婚することになったのだった。旧制中学を卒業した父親は関城町ではエリートで家柄も良い。こんな良縁はないと母親は説得され、行儀見習いを途中でやめて下館の実家に帰ってきたのだった。実家も農家でありながら、母は農業を手伝ったこともない。

父親が農業を生業とすることに決まったときも、母親は反対も何も意見を云わなかった。行正が小学四年になって、父親から強制的に草むしりをさせられることになったとき、母親は珍しく激高した。

「まだ可哀想です。中学生になるまで待ってやって下さい」

と、真剣に頼んだのだった。あのときの母親の、滅多に父親に意見など云ったことのない激高が行正には信じられない。

「俺、母ちゃんの代わりにやる。母ちゃんは黙ってろ。俺、小っちゃいけど草取りくらい出来る！」

行正はけなげにも云って、母親をかばうのだった。

「母ちゃん心配すんな、大丈夫だ。斎藤家の長男だっぺ、俺……」

などと云って、あのとき両親は吃驚したという。

小学校四年の息子に長男と云われて、父親は田圃五反歩や畑五反歩では甲斐性のないオヤジだ。何とかもっと増やして引き継がないと、息子に恥ずかしいと思った。と、母親に云ったという。

貧乏から抜け出さなければならない。それには田畑を増やすことだ――

親父やおふくろに心配ばかりかけて――

見兼ねておふくろはせっせと差し入れをしてくれる――

村の夏祭り

集落の盆踊りに
長男と次男同伴

行正は祖母をオヤジのオフクロと呼んでいた。

「お祖母ちゃんと、行正は何で呼ばんけんね」

他人行儀のようで、懐いてくれんで淋しいよ。と祖母は愚痴った。が、行正はどうしてもお祖母ちゃんと呼べなかった。理由はない。父親がおふくろ、おふくろと呼んでいたので、小さい頃真似しておふくろとなっただけである。孫がおふくろはおかしいのでオヤジのオフクロになってしまったのである。

女達の神輿

祖母は、二歳の幼いときから一緒に暮らして情が移っているので、行正を特に可愛がった。愛しくて仕方がない。洋服やシャツ、運動靴を買ってきてくれる。本家の屋敷に植えてある柿や栗、ビワやブドウが実るとザルいっぱい持って来てくれる。

雛祭りや端午の節句には菱餅や柏餅、釜の蓋の炭酸まんじゅうやお盆の牡丹餅《ぼたもち》やおはぎ、田舎の行事でどこの家でも作るものは何でも作って持って来てくれた。母が病気で出来ないので、心優しい祖母は持って来てくれるのだ。

祖母は行正に小遣いもくれた。

オヤジのオフクロは父親と同じで、あまりお喋りが好きではない。そのかわりいつもニコニコと笑顔で、ザルを抱えて裏庭からやって来る。縁側に置いて、直ぐ帰る。母親が祖母の、

「ここへ置いて行くよ」

と云う声に、急いで縁側に出て見ると、もう祖母の後ろ姿しか見えなかった。

中学三年のとき学級委員長に

中学に上がると学校の勉強が面白くなった。だから学校へは休まずに行った。が、畑仕事もますます当てにされるようになり、早退して学校から畑へ直行し、

田圃の畔で野良着に着替え、父親の許へ行く。

中学生になると、さすがに友達も、

「行ちゃん、遊ぼ！」

と声をかけてくる者はいなくなって、気が急かされることもない。中学二年の頃から急に身長が伸び、肉付きもよくなって頼母しい少年になった。

鍬仕事も覚え達者になった。田起こしや、荒くれかきなど馬の扱いも出来るようになり、父親より達者だった。

「俺、勉強がめっちゃ好きになった――」

昼の野良仕事で疲れているのに、夜は遅くまで机に向かっている。すると父親が、

「電気代が上がるぞ！」

パチンとスイッチに手を伸ばして、電気を消してしまう。

「百姓に、学問はいらん」

口数の少ない父親は、一言そう云うだけで、決して息子と面と向き合って、会話を交わすということはなかった。必要な口だけをきく。どんなに食い下がっても無駄だった。

「俺は勉強が好きになったんだ」

勉強がこんなに面白いとは思わなかった。高校さ行きたい。高校さ上がってサラリーマンになれば、生活がらくになる。

「勤めの合間に、百姓はやる。父ちゃんの大事な田畑だもの、ちゃんと守るから、高校さ行かせてくれ」

行正は思い切って、何度か頼んだ。田圃の畔に土下座をしたこともある。が、父親は決して首を縦には振ってくれなかった。頑固というより、終戦を境に父は性格が変わってしまった。確かに変わった。風雨が強かろうが、雪の日であろうが、父は毎日田畑へ出た。そして夜は一晩も愚痴や弱音を吐いたことがなく、黙

々と縄なえをし俵を編む。母が語りかけても、行正が語りかけても、ただ、

「うん」

「いや」

「ああ」

という返事が返って来るだけで、日ごとに寡黙になっていった。行正は病気の母親も心配だったが、そんな頑なな父親の心境も心配だった。父親の顔には苦渋の表情が色濃く滲んでいたし、必要な会話も途中で引っ込めてしまう。

「行正。お前凄いぞ、やれば出来るんだ」

担任の先生が褒めてくれた。二年の終わりころから成績がぐんと上がって、三年になるとオール５になり、学級委員に選ばれた。そしてみなの推薦で委員長になった。

「県立高校に行かれるぞ！」

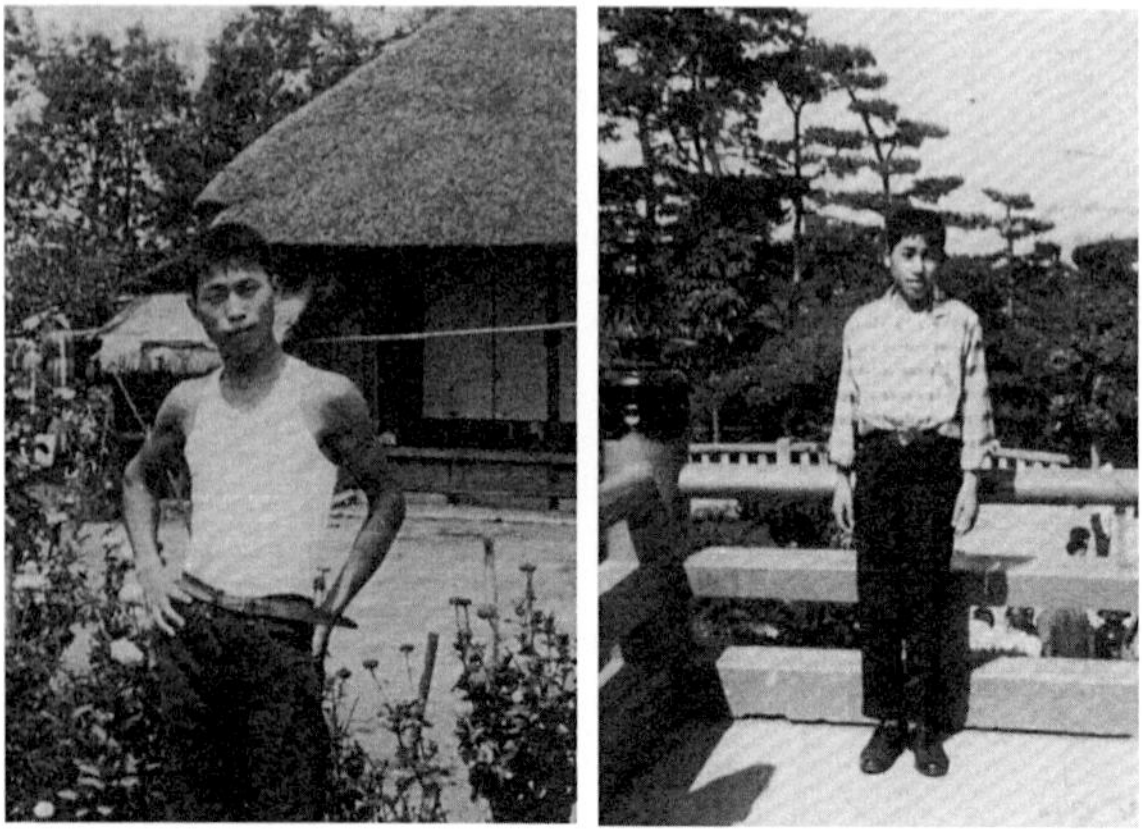

中学卒業の頃

と担任が嬉しそうに云ったが、行正は「はい」と咄嗟に答えることが出来なかった。

「俺んち貧乏で進学する金ねえもん」と正直に答えられれば、どんなに気持ちがらくになるだろう。担任に曖昧な返事をして、行正は反対に自分で自分の首を絞める結果になった。心が折れた。

明るい性格の行正少年の最初で最後の、たった一度の悲しい気持ちだった。家に帰ってもう一度父に頼んでみようと思った。が、云い出せなかった。

夜、畑の真っ暗闇の中に仁王立ちになって、

「俺は、百姓で日本一になってやる！」

高校は諦めた。馬鹿、馬鹿、馬鹿、貧乏の馬鹿！　今に見てろ、貧乏なんか吹き飛ばしてやるぞ！

大声で叫ぶと、大粒の涙が溢れてきて、今度は暫く号泣した。泣くだけ泣けば悲しみは嘘のように消える。涙が涸れれば、気持ちが晴れる。

月はなかったが、夜空いっぱいにちりばめた星明りで、あたりが澄んでいる。北関東の夜空は、星が美しいことで有名だ。行正は夜更けまで小一時間も畑の中にいて、冬でもないのに躰の芯まで冷えてしまった。

昼間手入れした畑の作物が、夜風に微かに揺れている。

「おい、行坊。農業をやると決めたらしっかりやるんだぞ。しっかり生きて行け

よ。弱音吐くでねえぞ！」

農は人のいのちを育む源だ。

「お前、最大級の職業じゃないか——　誇りを持って頑張れ！」

と、作物が行正に囁きかけているような気がした。

トラック野郎は楽しかった

高校進学を断念した行正少年は、中学を卒業すると父親と一緒に畑に出た。が、身を入れて畑仕事に打ち込めない。

「また、ぼーとしてる。しっかりやれ」

父親に怒鳴られる。自分でも分からない。全くやる気が湧かないのだ。畝を作っているのに、畝になっていない。何度も何度も鍬を持って行ったり来たり畝《うな》っているつもりなのだが、畝は途中で崩れたり、尻切れトンボになっていたり、何度やり直してもダメだった。どうしたんだ！　と自分に問いかけても答えてくれない。

「行に何事かあったのか。あの野郎急に畑仕事が嫌になったのか、全く精彩がなくて……困った野郎だ」

行正が風呂に入っているとき、父親が母親に訊いた。珍しく父親はどてらを着て、囲炉裏の横座に座って寛いでいた。茶を淹れていた母親は、

「高校へ行きたかったのではないですか」と一言云った。

小さな家で、台所（勝手）と風呂場の板の間仕切りくらいでは話し声がはっきり聞こえる。

「勉強がなくなって張り合いを失くしたんでしょう。行はほんとは高校へ行くつもりで、中学の終わりになってあんなに勉強したんですよ。相乗効果って云うで

しょう。勉強に熱が入ると野良仕事にも精が出る。それがなくなって……虚ろになった。仕方ありませんから、暫らくは見守ってあげて下さいな、お父さん」

母親は行正をかばって父親に頼み込んだ。

行正は深く湯船に沈み込んだまま、俺の母ちゃんはやっぱり誇りだ。東京さ出て、アサヒ硝子の社長さんの奥さんに仕込まれただけある。人間が磨かれたんだ。父ちゃんとは月とスッポンだ。いや父ちゃんだってほんとは昔の旧制中学さ上がったんだから、村で一人か二人しか行かれなかったんだから、凄いんだ。父ちゃんと母ちゃんは似合の夫婦だ。戦争さえなければよかったのに、戦争のせいで俺んちは変わっちゃった――行正は風呂から出るに出られず、のぼせて倒れそうになりながら、父母の話を盗み聞きしていた。

「何で俺は、農業に身が入らなくなってしまったんだ！」

俺だって俺の気持ちが分からない。苛立ちはないが、ただ無性に悲しかった。

しかし涙も出ない。変な気持ちだった。

晩ご飯が済むと、父親はハンコで押したように、内職の俵編に取りかかる。行正も父につづく。が、あくびばかりしている。

そのうち行正は、途中から抜け出して家を出、夜遊びに出掛けるようになった。ある日、近所の青年会館を覗くと、何人もの若者が屯し、議論を交わしている。祭りの相談だった。

「ああ、来たか。神輿担ぎおめえも当てにしているぞ」

「おめえ、高校さ行かんかったんだって?」

「うん」

「勿体ねかったな。あんなに猛勉強したのによ」

「うん」

「おめえが本気でやると、ほんとは優秀な奴だってこと、吃驚したぞ」

「うん」

何を問いかけられても、気持ちが沈んでいる行正は「うん」「うん」としか返事が出来なかった。祭りの準備にはお前も出てくれ。と云われていたことも忘れていた。

ほんとに何なんだこの無気力は……行正は自分が情けなかった。

「うん、うんって、しっかりしろ！それとも俺らを馬鹿にしてんのか、貴様！ぶんなぐって目覚ましてやるか」

誰かが突然、業を煮やして怒り出した。拳を振り上げ、今にも襲い掛かる勢いである。まあ、まあ、まあと誰かが止めた。

「そっちで何やってんだ。今年の春祭りは失敗出来ねえぞ。みんなこっちさ来て、真面目に聞いてくれよ」

薄暗い電球の下で、祭りの打ち合わせは順調に進んでいた。

リーダーの吉野が声を荒げると、そっち組が動いた。行正も会議の輪の中に入った。

去年は雨に降られて神輿を担ぐ人間が少なかった。参加者も町の人々も少なく盛り上がらなかった。

「あらゆることを想定して準備しないと、何が起こるか分からない」

行正はリーダーの命令で実行委員の一人に選ばれてしまった。毎晩のように夜なべを中断し、青年会館へ出掛けた。村で生きて行くには村の若者たちと協調しなければならない。人とつき合えば仕事の話、人生の話何でも話し合う。

「また、出掛けんのか。いい加減にしろ！」

と父親は不満な言葉を浴びせるが、行正は仲間と活動するようになって、自分のなかのもやもやが解消されていく。

農業は、畑や田圃を相手にしているだけではない。人のやっていることを聞く

トラック野郎

こと、つまり外部の情報や刺激も大事なことだということが分かった。

農業を生業とするようになった父親は、あまり他と接触することを嫌った。だから農業は孤独な仕事だと、行正は思っていた。農協と関わるだけで、殆ど村の集まりには出掛けなかった。

ある日、突然、

「父ちゃんよ。俺、トラックの免許をとって、荒稼ぎする」

と、云い出した。言葉にしたこと

は必ず実行する行正は、村の仲間とつき合うようになって、行正本来の闊達な青年になっていた。年齢的には少年だが、村の先輩青年たちと交流するようになって、少年から自然に青年になっていた。

父親が何を云っても、云うことを聞かない。もう自分の考えで判断し、行動する。

さっさと自動車教習所に通いはじめた。いきなりトラックではなく一般免許を取るよう、教習所の担当者や指導員から注意された。

「イヤ、トラックの免許がどうしても必要なんだ、わが家の死活問題なんだ」

と、意志を曲げず、ついに頑張って、一発で一般免許を取り、トラックの免許取得の試験に合格した。農繁期は田畑に出て父親を援けた。農閑期に東京へ出てトラックの仕事に就く。アルバイトだったが、自分で決めて行動する以上、何事か起こった時は自分で責任を取る。そう意志を決めた。

「毎月三十万は欲しい」

と要求して、アルバイトにそんなに払えるかと社長に怒鳴られた。碌に東京の地図も道路も分からないのに、何を抜かすと、一笑された。しかし行正は怯まなかった。

銭が欲しい。銭が欲しい。喉から手が出るという言葉があるが、とにかく稼がなければならない。他人に笑われても怒鳴られても銭が欲しい。母親の薬代、農業にも金があれば父親が欲しがっていた肥料が購える。父親のような昔からの農業ではなく、新しい農業に変革していかなければならない。

「どうや、畑仕事とトラック野郎と、お前はどっちが向いている」

と、父親は云うけれど、向く向かないの問題じゃない。俺が金が欲しいのは、貧乏の解消をするためだ。農業の改善をしなければならないことだ。

土手に茣蓙を敷いて、昼の握り飯を食べ、父が一服しているときだった。

「農業は好かんか？」

「父ちゃんは好きだ。いや好きになった。戦争でやむなく職業を変えたが、はじめは馴れないから厭だと思ったけど、農業は今では俺には天職だと思っている。田圃も畑も親からもらったままなかなか増やせなかったが、食うには困らん。」

「それにお前な、農業ちゅう仕事は凄い仕事だということに気がついた。自然が作物を作ってくれる。ということだ。人間は、つまり百姓は自然に手を貸す。畑畝って種撒いて、肥料をやる。ここまでは人間の仕事だが、あとは自然が作ってくれる。季節がくれば花が咲き、花が咲けば必ず実がなる――。こんな凄いことほかにあるか――」

父は興奮しながら喋った。いつもの父とは違っていた。饒舌もそうだが、ニコニコしながら表情を崩して話す父など初めて見た。無口で不愛想で頑なな父親しか知らなかったので、行正は吃驚した。

「ほんだけどよ父ちゃん、種撒いて放とけば自然が作ってくれるといったって……」

「馬鹿、二十歳過ぎたんだ、よく考えろ。放っとけなんて誰が云った。虫がついちゃいねえか、蔓が伸びて手を欲しがっていねえか、追肥が必要か、目を離しちゃいられねえ。時間が出来れば堆肥作りもあるし、一刻だって手を休めているわけにはいかない。農産物を生産するということは、機械工場とは違う。畑の農産物は、自然の恩恵を受けて生産される——そこでだ行正」

父の能弁に行正は圧倒されながら、父は何を云いたいのかと、父親の顔を凝視した。

「——そこでだ行正、俺は声を大にして云うが、農業の跡を継いでくれ。田圃は増やせなかったが、畑は一町歩になった。あとはお前の宰領で大きくしょうと思えばどうにでもなるべ——」

そうか、そういうことだったのか。まだ五十半ばだが、跡継ぎの確認をしたかったのか。小学校四年のときから農に関わってきて、お前は年季の入った農業人になれる。トラックなんてそのうちまた新しいものが開発されれば、人々の関心はそっちへ流れる。常に世の中は新しいものに向かって、突き進んでいる。その度に現代人は置いて行かれないように、びくびくしながら生きて行く。そんな社会、そんな社会に振り回されないのが農業だ。農業は自然相手だから、自然の変化に注意し、自然と会話しながら作物を作っていく。

風向きや朝晩の気温に気を配るとか、お天気と向き合って暮らす。自然と一体になって暮らせばいいんだ。

自然が滅びるときは、農も人間も滅びる――何も心配することはないんだ。

「直ぐに返事せんでもいい。二十歳過ぎたんだから、自分の将来を考えろということだ」

父親は、息子の生き方に不安を抱いていたのだろう。いつになく能弁だったのは、父親として父親らしい意見をいつかはしっかりと伝えておこうと思ったに違いない。が、行正には農業が自然の恵みを受けて成り立っているなどとは、なかなか理解出来なかった。農業が滅びると、国が滅びるとか人間が滅びるとか、父親の頭がおかしくなったとしか、思えなかった。いつも一人で、人と交わらないからそんなことばかり考えているとしか、そのときは思えなかった。

「農業の跡継ぎ」という言葉だけが行正の頭の中に残った。

俺は、農業に反発している。いや、父親に反発している。

貧しい暮らしに押し潰されて、銭、銭、銭欲しさだけが頭の大部分を占めていて、トラック野郎から足が抜けなかった。

二年足らずで東京から郷里に戻った。

郷里に戻ったといっても、東京と茨城県の関城町は、目と鼻の先、トラックの仕事は東京の延長線上だ。関城町は野菜の生産地、大方が東京に出荷される。その運送を請け負えばいい。

確かにトラック野郎は、銭になった。農業の跡継ぎになるにしても、トラック野郎をやめるわけにはいかない。あと一年、あと一年とつづけて、結局、二十五歳までやった。

母の見舞いの赤いトマトに魅せられて

母親の心臓病は年とともに悪化していった。一日の大半は床の上での生活だった。親戚の従姉妹たち母親にとっては姪や、母の妹がよく見舞いに訪れて来た。そして身の回りや食事の世話をしてくれた。

行正は東京から戻ると、近くの運送屋に勤めた。相変わらず農作業は農繁期と運送屋の休みのときだけ、親の手伝いをするだけだった。行正自身、農業の跡継ぎの決心が定まらないまま、トラック野郎が性に合っているような錯覚に陥っていた。

近所の運送屋での行正の担当は、農産物の市場への運搬だった。圧倒的に東京の市場だったが、ときには地方都市の市場のときもあり、郷里にもどってからは酒も覚え、仲間と酒を飲んで深夜の帰宅ということも増えた。一応仮眠して酔いが覚めてから運転して帰宅するが、若さを発散する意味では、ずいぶん無謀な危険極まりない日々だった。

郷里での運送屋の仕事は二、三年で辞めたが、トラック野郎からなかなか足が洗えず、二tトラックを購入して、個人で運送屋をはじめてしまった。現地の農協で集荷した農産物（自然農法ヤサイ）を東京の市場ではなく、スーパーや小売店と直接売買契約をした店に運搬する仕事だった。

斎藤農場で収穫したヤサイも運んだ。自然農法といっても当時はまだ減農薬農法だった。しかし農薬が少ないということで、飛ぶように売れた。

そんなある日、いつも見舞いに来る母方の叔母が、姪を連れて見舞いに来た。母親はもうあまり長く生きられないと、来る人ごとに洩らしていたので、毎日のように見舞客が絶えなかった。

「行正は相変わらずトラック野郎で困ったものね。嫁を貰えば落ち着くんじゃないの？」

叔母は、いつ来ても行正の姿を見たことがないと云いながら、辺りへきょろきょろ視線を走らせて、云った。

「長男なのに困った」

と、母が云った。そしてこんな貧乏家に来てくれる娘がいますかね……と嘆く。

「性格は悪くないのに、貧乏を何とかしなければって、焦って空めぐり、嫁を貰えば落ち着きますかね」

母親は、自分が生んだ息子だし、行正の優しさも知っている。繁忙期には農業によく精を出しているし、と新戚の者に良い印象をアッピールするのだった。

叔母は見舞いにトマトを持って来た。

真っ赤によく熟れた瑞々しいもぎたてのトマトだった。

夜遅く仕事から帰った行正は、母の枕元に置いてあったそのトマトに目がいった。化粧ザルいっぱいに盛られたトマトの見事な色・艶に、行正は見惚れた。

「凄い立派なトマトだな」

「結城の叔母ちゃんよ。早く嫁を貰えって――」

母が云った。

行正は、母の言葉も上の空に、ふうんと頷いただけで、トマトに手を伸ばし一個取って見入った。

「結城じゃ、こんな見事なトマト誰が作っているんだっぺ」

結城の叔母の家は農家ではない。叔父が農協に勤めているから、その関係者が生産したものだった。

叔母は結城紬のハタ場で機織りの指導をしていた。叔父と叔母は屋敷の隅に家庭菜園と称して少しばかり畑を作っていた。母が、

「農協に出入りしている人が作ったものだって。美味しそうね。行ちゃんも作ってみたら……行ちゃんなら出来る」

と、云った。行正は母の言葉には答えず、

「結城で、こんな凄いトマトを作っている人がいるの……」

ただ、ただ驚きを隠せず呟くばかりだった。

かなり刺激されたようで、掌の上で転がし、眺めた。これがほんとの完熟トマトだ。トマトの実が真っ赤になるまで、収穫しない。へたは青く、ぷんとトマ

ト独特の青臭い臭いがする。

父親と共にこれまで行正も毎年トマトを作ってきた。その自分たちが作ってきたトマトに感動したことがあるか。手に取って見惚れたことがあるか。父の手伝いとはいえ、行正は農家の息子だ。小学校四年のときから畑に出て、農作物を作ってきた。半端な年月ではない。

行正の興奮は、三、四日つづいた。畑に突っ立って赤いトマトを想い浮かべている。瞼に焼きついて消えなかった。

行正は、母の枕元で見たトマトの感動が忘れられない。

「俺も、あんなトマトを作ってみたい！」

ただその一念が脳裏に湧いた。そのうち全身に泉が噴き出すように漲ってきた。わけもなく躰の内奥から歓喜のようなものが突き上げてくる。行正は興奮の坩堝に落ちた。

「俺も作る。日本一のトマトを作ってやる！」

行正が農業に目覚めた瞬間だった。行正は自分の意志で農業人として出発することを決断した。

「父ちゃん。俺、農業やるよ」

父に向かって、行正は云った。

「俺、父ちゃんの畑、頑張るからいろいろ教えてくれ」

父親は嬉しそうな表情で頷いた。

行正が、誰に強いられることも、説得されることもなく、自分の意志で選んだ職業だった。農業人としての自覚に目覚めた行正の意志に、父親は安堵するのだった。

「……よく決心してくれた。有難う。これで俺はいつでも死ねる」

父親は、安心したのか穏やかな表情になり、相変わらず畑に出ていたが、行正が跡を継いだあと数年後の平成二年二月七日大腸ガンのため亡くなった。行年七十二歳だった。心臓を病んでいた母親は、平成三十年の夏、九十八歳まで長寿を全うした。

第2章

創造性のヤサイ作り

さあ、やるぞ俺は農業と心中する

農業に目覚めた行正は二十六歳になっていた。親戚の世話で嫁を貰った。相手は美代子さんという可愛いお嬢さんで二十一歳だった。農業は経験がないという。

一家の主になって、行正は人間的にも一人前になった。

朝は四時に起き、太陽が昇る前に田畑に出て見まわる。毎朝、父親がしていた日課が行正に変わったのである。田圃の水回りが終ると、畑へまわり幾種類かの作物の成長具合をチェックする。虫がついていないか、葉の茂り具合は……　作物が何を欲しているか、それぞれの作物の要求を見わけるのだ。父の手伝いをしていたので、断片的には覚えているが完璧ではない。ほぼ要領は分かっているという程度だ。

朝食を食べに家に帰る頃には、すっかり太陽が昇って明るくなっている。

朝食が済むと、納屋の二階のベランダに取り付けた風向きや風圧を計測する計測器の数字をノートに記録し、お天気具合を観察する。それが終ってやっと朝の日課が終了する。

「よし、父ちゃん。今日の仕事の段取りは俺がやる。俺に任せてくれ、ちゃんとやるから」

エネルギーがはち切れそうな息子の勢いに、父親はいつまでつづくかと最初は苦笑していた。が、やる気満々の行正の情熱がずっと続いているので、それを損ねないように、

「威勢がいいのは頼もしいけんど、百姓としては半人前だ。分かんねえことだらけだっぺ。当分は俺とお前は師弟関係だってこと忘れんなよ。いいか——」

父親らしい言葉をかけた。

未だにその頃の父親の指導が忘れられない。農業をやる気になった息子の、と

くに猪突猛進型の息子の性格を知り尽くしている父親だから、息子の短所も長所に置き換えるべく、息子への対応に工夫する父親だった。行正が勇み足で失敗することがあっても、決して大声を上げて怒らない。失敗した息子の気持ちに寄り添いながらやり直す。

なかなかそれでいいだろうという声がかからず、息子が業を煮やして苛々し、今にも怒鳴り出しそうな気配を行正が見せると、寸前に父親は、

「喉が渇いた、お茶にすっぺ」

一休みすれば頭が冷える。精神的に行詰まった時には体に水分をたっぷりと補給すればよい。饅頭でもおはぎでも甘味をとるのもよい。と、父親は口癖のように云っていた。

何をやっても何度繰り返してもうまくいかないのは、身心が疲労しきっているからだ。と、父親の人生哲学が口から出ることは滅多にないが、行正は父親の言

動はすべて信じていた。

「お前は馬鹿だ。こけだ。呑み込みが悪い」

などの暴言は、決して口にしたことはない。行正は父親を尊敬していた。

振り返ってみれば、田畑の朝の見回りに、父親より先に起きて家を飛び出してはみたものの、何を見てくればいいのかよく聞かずに飛び出す、自分のおっちょこちょい振りを行正はよく知っている。田植えの終ったあとの見回り、水が田圃全域にゆきわたっているか、植えたばかりの苗が浮いていないか、などは素人だって分かる。もっと百姓の知識を身につけろ！　と後から来た父親に云われ、いろいろ細かく教えて貰った。

葉もののヤサイ畑では、細かい虫がびっしり葉についているのを見つけて得意になると、そんなのは素人だって分かる。カボチャやスイカの蔓が伸びて、伸び放題に畑を這い出す前にすることがある。ハウス栽培のトマトやキュウリの場合は、ハウスの温度や密閉の調節が必要だなどは、素人だって知識はある。

百姓をやるというお前の情熱はよく分かる。が、実際には、まだ百姓として主体的に経験が少ないから、分からないのは当たり前だ。父親の手ほどきを受けながら、毎日が格闘の連続だった。一つ一つ作物の種の選び方、土壌作り、種撒き、直播や移植、苗の接ぎ木法、追肥の時期ややり方、それらがすべてどれ一つとっても時期があり、季節と作物の関係を無視することは出来ない。

「農業は、季節のしもべだ」

は、父親がよく云った言葉だった。

父親と二人三脚トマトの品評会に入賞

行正が本腰を入れて農業に取り組むようになって、或る日父親が云った。

「どうだ、行正。トマトの品評会があるそうだから、出品してみるか」

　母の見舞いに貰った、あのトマトに魅せられて、百姓を一生の仕事と決心した息子の気持ちを察して、父親は応援したかったのである。品評会で入賞すれば、行正も自信がつく。親子で二人三脚、父親には自信があった。

「トマト？　俺、まだ無理だよ。自信ない」

　という行正を、

「普段、偉そうなこと云ってるじゃないか。お前らしくもない。自分に自信を持つということは、大切なことなんだ。自信がなくて百姓やったら、失敗ばかりで、米も麦も穫れない。収入が無くなって生きていかれるか――」

　そんな引っ込み試案ではダメだ。失敗を恐れちゃダメだ。失敗しながら自信がつく。

　父親はトマトの品評会の詳細を既に調べていた。

父親に尻をたたかれて、渋々やる気になった斎藤さんだったが、研究熱心な斎藤さんが誕生したのは、この父親との二人三脚ではじめたトマト栽培だった。

父親が書いていた農業日誌を数冊手渡され、毎晩読みはじめた。トマト作りのページを探し、繰り返し読む。それにしても父親は新米農業人に転職して、独学で農の知識を身につけた努力家だった。日誌によって、はじめて父親の偉大さを理解した。そして感動した。

よし、俺もやる。父親に報いるためにやる。日誌を何度も繰り返し読みながら己の精神を奮い立たせるのだった。

農業は、見よう見真似や勘、第六感だけを頼るのではない。昔の人間のおしえとか、書き残した書物を読んで、その植物の歴史を知ることが大切だと思った。斎藤さんは農業書を図書館から借りてきて、夜を読書の時間に当てることにした。

ひもといていくと、トマトは元は野生種だった。がメキシコが栽培種化したもので、アステカ文明の農耕技術から生まれたものだということが分かった。

アステカ文明はスペイン人によって滅ぼされたが、トマトの原産地であるペルーはマチュピチュに天空の町を築いたインカ帝国が栄えたところでもある。一五三三年にインカ帝国はスペイン人によって滅ぼされた。トマトはこの文明の遺産ともいわれる。トマトはスペイン人によってヨーロッパに運ばれ、当時は観賞用植物だった。食用になるまでにはさまざまな紆余曲折の長い歴史を経ている。

十七世紀になってやっとイタリアで料理に利用されるようになった。しかし、それも瓶詰や缶詰など加工され保存食として利用された。

一九〇〇年のはじめにイタリアのサンマルツァーノ村で細長い形の煮込用トマトが栽培されるようになった。サンマルツァーノ村でトマトが出来た理由は、ベスビオ火山の火山灰がサラサラに乾燥していて、土が固まりにくく、温度上昇を促しやすく、この品種のトマト栽培に高温環境が適していたのである。それと土の成分にカリウムが豊富なことだった。このカリウムがトマトの果実を赤くし、味を濃厚にした。が、この品種は自然の環境変動に対する適応性が低いので、品種改良が盛んに行なわれ、フランスやイギリスなどの北ヨーロッパでは、低温、低日照のために温室栽培が行なわれ、生食用として普及したのである。それがやがてアメリカや日本にも渡ってきたのである。

日本の歴史を調べてみると、十七世紀のはじめ一七〇八年「ホウズキ」より大きく、貝原益軒の書「大和本草」には唐柿と記されている。一八五九年頃は六月柿と呼ばれ、六月頃に収穫されていた。が、日本では生食用ではなく観賞用だった。

一八五九年頃になると、「西洋野菜そだて草」の中に図解入りでトマトの栽培方法が説明され、食べられるようになった。「少年よ大志を抱け」で有名なアメリカのクラーク博士が日本に来て、西洋野菜がなくて困り、農家にトマトの栽培を依頼したのがはじまりといわれている。日本人では仮名垣魯文が、トマトを刻んで煮てコショウをかけて食べるとおいしいと宣伝している。が一般に出まわるまでには、更にさまざまな紆余曲折を経ている。

一般に知られているのは、「カゴメ㈱」の創始者蟹江一太郎が、日本のトマト王といわれていることだ。日露戦争に参戦し除隊するとき上官から「ふるさとに帰って農業をやるなら、米や麦ばかりでなく、西洋野菜を作れ」といわれ、トマトの栽培をはじめたのだった。苦心惨憺してやっと収穫したトマトを荷車に積んで八百屋へ持ち込んだ。が、当時のトマトは独特な異臭があったので「こんな臭いもの」と断わられ、全部捨てざるを得なかったというエピソードがある。そこでトマトを加工することを考え、苦難のすえ、自家製トマトソースを開発したのだった。一九〇三年のことである。その後、一九〇八年にトマトケチャップが出来、一九三五年にトマトジュースが開発されて、やっと世に出まわったのである。一太郎によってはじまったトマト栽培の種子は、現在六〇〇〇種を超えるという。

種子は約二十年で発芽率が低下するので、これを維持するためには年間三〇〇種類を植え、種子の更新を行っているそうだ。

そんな中で現在の代表的トマト育種苗「桃太郎」が誕生したのである。比較的最近である。トマト臭が少なく甘い品種で多くの人に好まれ、日本のトマトの大半がトマトといえば「桃太郎」だった。「桃太郎」が出まわるようになってトマトの消費が伸びたといわれている。一九九四年には野菜卸売市場でトマトの売り上げが一位になったそうである。

一九四五年の戦後は食糧難時代で、質より量を目標に品種改良が行われた。昭和三十年代後半に入ると化学肥料や農薬害で土壌が劣悪化し、病虫害による被害が顕在化して、病虫害に強いトマトの品種改良が行われるようになった。さらに量より質が求められるようになったのは、昭和五十年代に入ってからである。

「桃太郎」の育種が秘そかに進められてきたのはその頃で、十年先の時代を想定して開発が進められていたのだった。日本の生食用トマトの品種は、ほぼ一〇〇パーセント雌親と雄親の交配によってできた一代交配種で、その両親には複数の育種素材が使われている。育種素材は大変複雑で日本の品種だけでは間に合わず、ミニトマトとかアメリカの赤トマトとか、世界各国から集めた何千種もの素材の中からみつけられた「桃太郎」だったのである。とくに苦心したのは、糖度を一、二度上げることにも何年もかかったといわれている。

（資料・トマトの伝播経路と品種改良より引用）

斎藤さんは、品評会に出すなら「桃太郎」で作ってみたいと思った。父親に相談すると、

「まだこの市町村では、桃太郎を栽培して成功しているという話は聞いたことがない。そんな冒険はやめて、みんなが安定して作ってきた「赤ふく2号」でやれ」

と、きっぱり云った。父親に反対されることは分かっていた。が、斎藤さんは、「桃太郎」が諦めきれず、育種苗を専門にしている「㈱東洋農事」に出向いて相談した。が、父親が云うように、まだ「桃太郎」の需要は少なく、失敗したら品評会どころではないと云われて、「赤ふく2号」で作ることに決まった。

が、斎藤さんはまだ「桃太郎」が頭から離れない。父親に尻を叩かれるような形での取り組みだった。

「お前が主で、俺は従業員だぞ」

と父親は云った。今まで家で食べるだけだが、父親はトマトを作っていた。

品評会用のトマトはお前の農業人としてのデビュー作品だ。主になって作れ!! 自分の好きなようにやってみろ!!　と云われると、斎藤さんは重圧を感じた。

斎藤家は、当時はまだ有機農法ではなかった。品評会には化学肥料や農薬を使用しないものでなければならない。斎藤さんはそう決めた。畠の土作りからはじめなければならない。母の見舞に貰ったあの赤い艶のあるトマトが脳裏に焼きついていて、浮かんだり消えたりしている。あれ以上のものを作らなければ品評会には出せない。行正の気持は焦った。そうだあのトマトを作った人を探し、土作りから教えて貰おう。そう思うと、矢も盾もたまらず、下館の農協へ足を運んだ。が、誰が作ったのか分からなかった。が、足繁く通ったことで多くの人たちと出会い知識を得た。よいトマトを作るには有機栽培に限る。土作りだ。よい土壌を作るためには完熟堆肥を作ることが条件だ。経験者たちは口を揃えて云った。

斎藤さんは、今まで考えもしなかった有機農業に関する専門書や参考書を、図書館から借りてきて読みはじめた。
有機農業に適した土壌とはどのような土壌なのか、父親に聞くと、「微生物が活発に活動している土だ」と云う。柔らかい、保水力のある土と専門書には書いてあった。物質循環が滞りなく機能している土だという。米糠や籾殻、鶏糞や牛糞などで作った堆肥やどこにでもある有機物を肥料にして土に入れる。その有機物が土中の微生物によって分解され、チッソ、リン、酸、カリウムといった肥料成分（無機物）に変換される。それを植物が栄養として吸収し、植物生長が盛んになる。これを物質循環といって、有機農業はこの物質循環によって成り立っているのだという（現代農業二〇一三年十月号参考）
有機農法がどういうものか知識としてはよく分かった。さあ実践となると、地中の微生物の動きについては、眼で確かめることができない。
「かちかちの固い土ではなく、ふわふわした柔らかい土だから手で摑んでみれば分かる」

と、父親が云った。

堆肥作りは父親の担当だ。化学肥料や農薬は使わない。と、二人で決めたことだから、斎藤さんも堆肥作りに協力した。有機物は頭をひねって探せば、身のまわりのどこででもみつかる。と本には書いてあった。父親が作る堆肥は、籾殻や米糠が中心で鶏糞や牛糞、ゴマかすや大豆かす、コンブやハチミツや炭も入れる。斎藤さんは更にカルシウムとしてランカル（卵の殻）「やミネラルとして貝殻も加えた。そして発酵を促すために「長寿元」を使うことを考えた。「長寿元」という農業資材は、この時点では、群馬県の桐生にある「㈱薬草研究所」でまだ開発中だったが、特別にテストとして分けて貰い、ポリタンク一本10ℓ入りを五〇〇倍に希釈し、土壌に直接撒布し、堆肥にもかけた。トマトの苗も「長寿元」液に漬け、「長寿元」をふんだんに使うことにした。薬草31種類を組み合わせた「土壌改良活性剤」として開発中の「長寿元」がどれほどの効果を発揮するのか未知である。

「桃太郎」の苗種を諦めた斎藤さんは、「長寿元」もまだ開発途上だから冒険であることは百も承知だ。父親も渋った。が斎藤さんは、よし!! 賭けてみよう!!「長寿元」は諦めないぞ!!と、決心した。農薬を浴びて体調を崩したとき桐生の㈱薬草研究所」が開発した「薬草湯」に湯治してよくなった。薬害に効果があるのだから、農業資材として、ほぼ完成しつつある「長寿元」が弊害を起こすはずはないと信じたのだ。トマト苗を定植して、五葉が出た頃から五〇〇倍の希釈液を根元に撒布したり葉面撒布をした。二週間おきに繰返しやっているうちに、見事な枝葉の成長ぶりに父親も驚いた。

一段目から二段目、三段目と、収穫したトマトの形状は、肥大したり小ぶりだったりというムラがなく、つぶ揃いで、すこぶる見事な果実がなった。完熟する全国ランキングで探る！

簡単野菜の美味しさチェック

氏名：斉藤　　様　　　野菜名：トマト

美味しさ測定結果　（期間：1999.01.01～2004.05.08　　226検体中）

産地名	測定日		糖度（Brix）	硝酸濃度（ppm）	実食味		合計点	備考
		平均値	4.9	18.5	2.7		300	
茨城		測定値	5.4	11.0	4.0			
トマト	05/01	点数	110	140	149		399	
		測定値						
		点数						

までならして収穫した。実《み》はしまって固く、色艶もいい。深みのある赤い色で、光沢がある。

「日本一のトマトだ!!」と思わず叫びたくなる出来ばえだった。食味も勿論今まで食べたこともない美味だった。品評会に出品する箱詰めをしたあと何個か母親の病床に持って行って、

「母ちゃん出来たぞ。立派だろー」

母親への見舞のあのトマトよりずっと立派だろうと云いながら見せた。

「行ちゃんはやっぱり凄い!!　ほんとにいいもの作っちゃったのネ」

母親は感極まって、泣き出した。父親もニコニ

総合評価：全国でベスト2に美味しいトマトであると評価致します。

美味しさ全国ランキング　斉藤行正氏

順位	調査日	生産都道府県	栄養点	健康点	食味点	合計点	チェック
1	01/0[illegible]2		133	179	138	450	
2	04/06/04	茨城県	110	140	149	399	←斉藤行正 ― 食味
[illegible]	02/06/09	岩手県	108	183	106	397	←国際有機
4	99/01/26	愛知県	142	112	141	395	
5	01/05/[illegible]7		120	99	171	390	
6	00/01/11	茨城県	163	90	133	386	
7	00/04/08		189	71	126	386	

コ、滅多に見せない笑顔を見せている。

　その夜、美代子さんが夕食の膳に出して、家族で喜び合いながら試食した。食感は、くどい酸味がなく、糖度も「こんな甘いトマトははじめてだ」と云い合うほど美味だった。

　品評会でトップをきって入賞した。行正は嬉しくて小躍りした。会場で、父親と抱き合ったとき、思わず泪が溢れ出た。家に帰って母親が涙声で、

「行ちゃんは、やると思っていた。やっぱりお父さんの子ね。トマト日本一になって自信がついたでしょ。行ちゃんはやれば何でも出来ると、母さんは信じていた。母さんも嬉しいよ。農業で十分

生きて行かれる。安心したわ」

母がそう云って喜んでくれたのが、何よりも斎藤さんは嬉しかった。斎藤さんと美代子さんに、跡継ぎの男の子も恵まれたし斎藤家ではその夜、美代子さんがご馳走を作って、ささやかなお祝いの宴で賑わった。

スイカ作りの名人
――・大玉スイカの作り方　・黄美呼を開発――

野菜作りの名人と呼ばれている斎藤さんは特にスイカ作りの名人である。斎藤さんの圃場のある筑西市は市町村合併前関城町と呼ばれていた。西に鬼怒川が流れ、東には万葉集にも詠まれている筑波山がそびえ、関東ローム層の火山灰土で水はけがよくスイカやメロン作りに最適な地帯だった。茨城県内では八千代市などを中心に協和町の小玉スイカなど有数のスイカ・メロンの一大産地である。

栽培のあらまし　斎藤さんはメロンやトマト、キュウリ、サツマ芋やラッカセイなど、つい数年前まではナシも作っていた多角経営者だが、総面積は210 ha。そのうちスイカは昔809 aも作っていたが、今は年齢を考えて30 aに減反した。品種は昔は早生の縞玉、七夕と金時を作っていたが、現在は小玉スイカ・ラビット。大玉スイカは筑波の香と黒皮で果肉はピンク色のあんみつ姫。それに高貴な味の黄色いスイカ、黄美呼《きみこ》（斎藤さんが命名）を作っている。黄美呼は、「㈱東洋農事」の会長大島伊市郎さんが、アメリカの黄色いスイカと日本の黄色い小玉スイカをかけ合わせた新種である。斎藤さんのオリジナルで、筑西市ではもう一軒黄美呼を栽培している。育苗は、斎藤さんが考案した心長二段接ぎ。十一月にスイカの種をまき、中間台木のカボチャ台木とユウガオの種は一月中旬頃にまく。

接ぎ木作業は一月三十日ころに行ない、定植は二月二十日ころになる。畦巾は

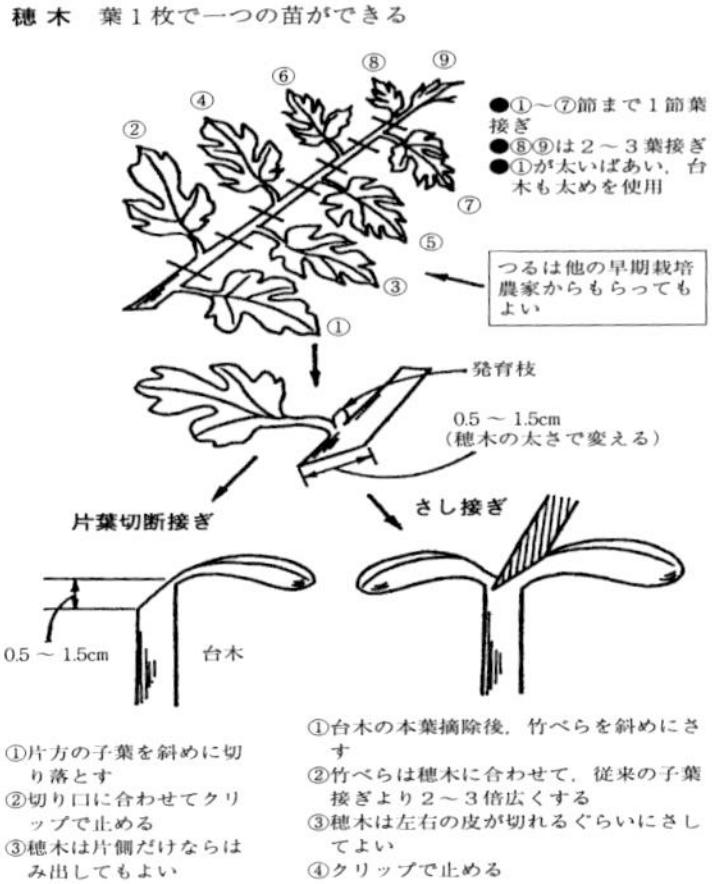
穂木　葉１枚で一つの苗ができる
②
④
⑥
⑧
⑨
●①～⑦節まで１節葉接ぎ
●⑧⑨は２～３葉接ぎ
●①が太いばあい，台木も太めを使用
⑦
⑤
③
①
つるは他の早期栽培農家からもらってもよい
発育枝
0.5 ～ 1.5cm
（穂木の太さで変える）
片葉切断接ぎ
さし接ぎ
0.5 ～ 1.5cm
台木
①片方の子葉を斜めに切り落とす
②切り口に合わせてクリップで止める
③穂木は片側だけならはみ出してもよい
①台木の本葉摘除後，竹べらを斜めにさす
②竹べらは穂木に合わせて，従来の子葉接ぎより２～３倍広くする
③穂木は左右の皮が切れるぐらいにさしてよい
④クリップで止める

第１図　心長接ぎ

225㎝、株間は45㎝、10ａあたり850本植える。定植後、18節前後の位置に一斉に開花、着果させる。着果は三月十五日ころで、着果日を日記に記しておいて収穫の目やすにする。

斎藤さんが開発した心長二段接ぎは　昭和四十八年頃に開発したもので、短期間で苗を作り、短期間で生らせ収穫する。

　今までの接ぎ木法で五十日くらいかかるところを、心長接ぎなら十五日～二十五日と超スピードで仕上がる。第一図のように子づるや孫づるが穂木に使えるので、最も便利な増殖法である。整枝も簡単である。二段接ぎは、

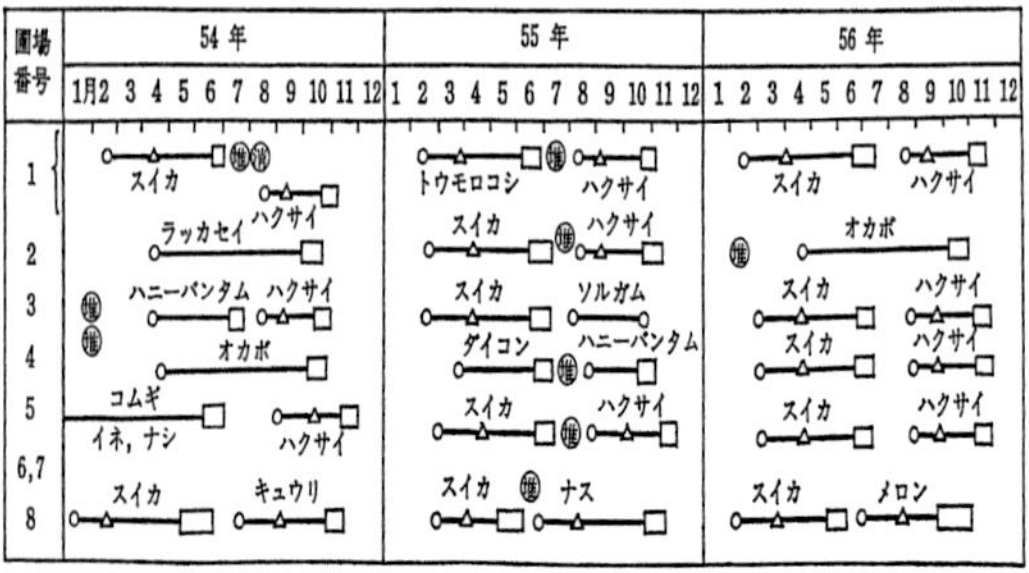

注 ○ 播種， △ 定植， □ 収穫， 堆 堆肥施用， 消 土壌消毒

第３図　各圃場の作付体系

カボチャ台木とスイカ苗の中間に３㎝のユウガオ台木を接ぐのだが、ずっしりと重い瑞々しい糖度の高いスイカがとれるのが特徴だ。心長接ぎの魅力は、何といっても生殖型の穂木を接ぎ木できること。苗床で摘心した生長点、整枝した子づるや孫づると、生育している茎がいつでも穂として使えることだ。孫づるを穂木にした場合でも活着するし、伸長した主づるから子づるを二〜四本仕立てて整枝すれば、その子づるの腋芽がまた穂木として利用できる。このように一粒の種から数十本、数百本の苗にふえつづける。しかも木質化し

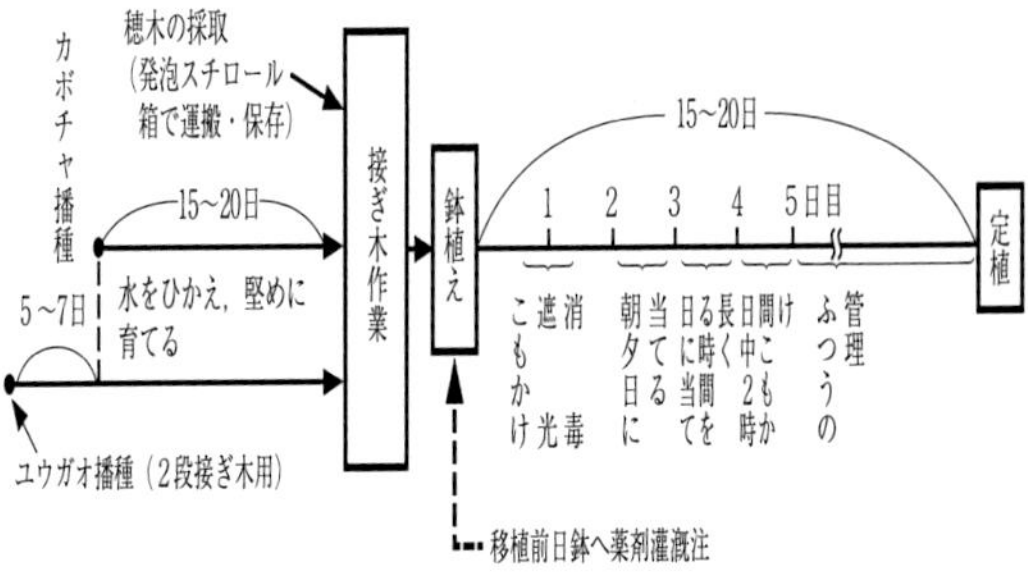

第4図　心長2段接ぎ育苗の概要

た生殖型の太い穂木を接ぐため、育苗期間が短縮され、育苗管理が気楽だし、短期間で定植が可能になる。苗が霜や寒さでやられてしまったときでも、台木用を余分に準備しておけば、緊急に苗を仕立てられる。

心長接ぎの成育特性としては　花芽の決まっている生殖型の穂木が接がれた場合は、雌花、雄花が着きやすい。葉の切込みにしても深く、葉はやや小ぶりだが、分厚く毛深い。つまり「大人の葉」なのである。普通栽培では着果するころに大人の葉になってくるが、心長接ぎははじめから大人の葉である。したがって

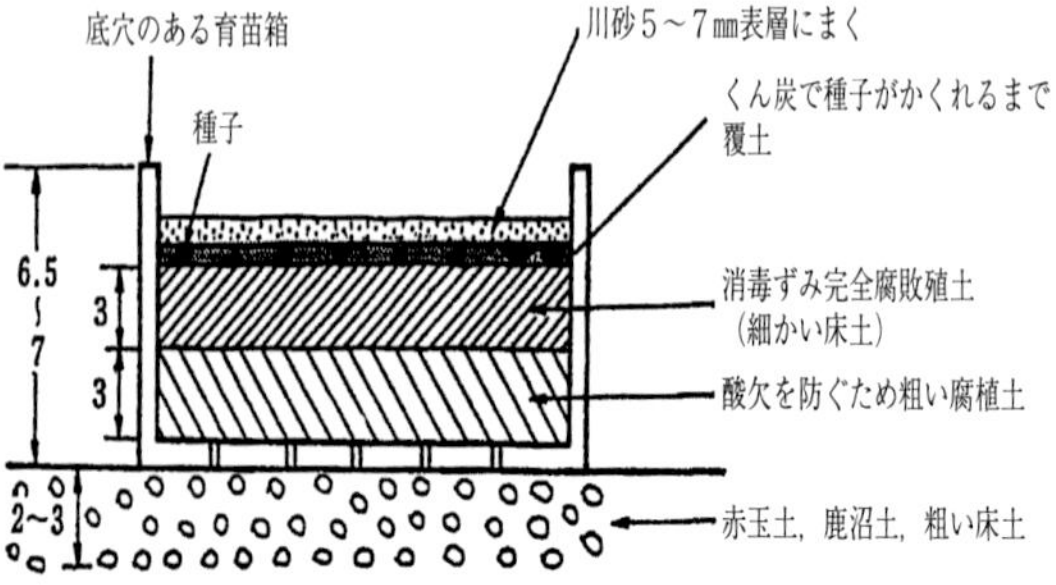

第5図　播種箱の断面図（単位：cm）

花の着き具合もよく、着果も早い。

簡単な整枝作業　農作業はすべて重労働だが、特にスイカの整枝作業は、足腰に負担のかかる重労働である。が心長接ぎでは、この悩みはない。また、心長接ぎは、生長点接ぎ（二～三葉接ぎ）か一節葉接ぎなので、発育枝がつるの節々にあるだけなので、整枝作業が簡単にすすむ。さらに心長接ぎにはつる枯病は発生しない。

心長二段接ぎの特色は　カボチャとスイカの間に、３cmほどのユウガオの茎がはさまるだけで、カボチャ台木が病気を防ぎ、ユウガオ

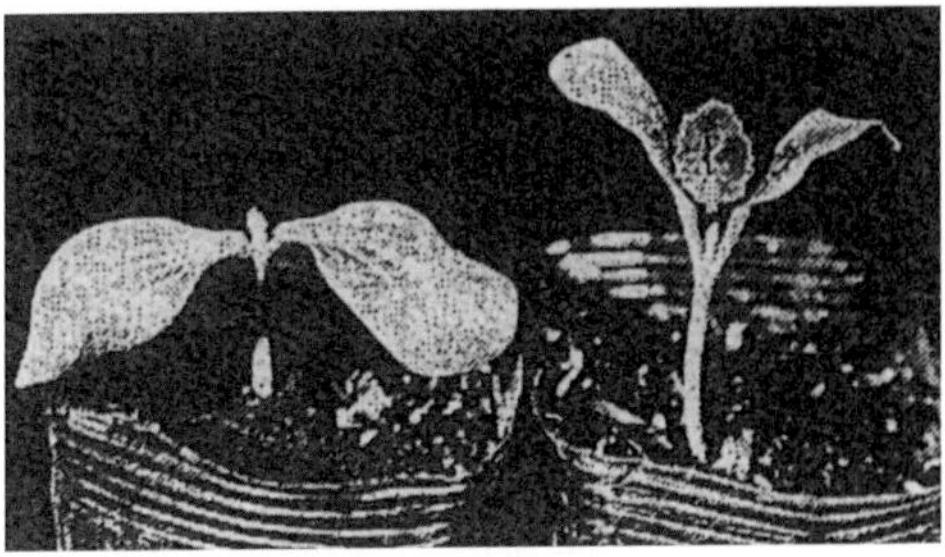

第6図　台木のよしあし

右がよい台木。水をひかえて硬く仕上げる

台木で品質向上が望めるという両方の利点を応用したことになる。収穫時のスイカの玉も大玉になる。心長二段接ぎでは、中間台木の特性が優先してあらわれるそうである。

土作りと土壌病害対策としては　スイカの連作は避けている。心長二段接ぎといっても、連作は障害が出る。それで輪作を行なっているが、前作にオカボ、トウモロコシを作った畑は土が浄化され、化学的にも物理的にもよい。堆肥は、乳オス肥育農家と契約し、乳牛、おがくず、厩肥の二年越しを使っている。ハウス栽培のほうは、連作で有機質肥料を主体

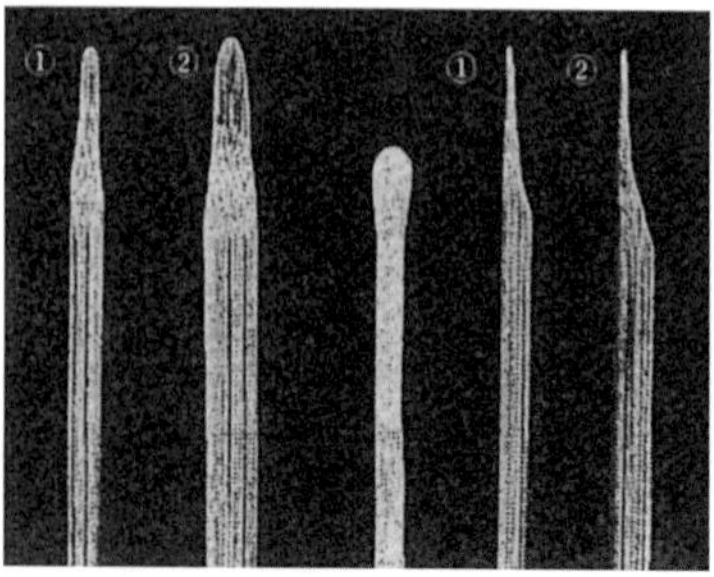

第７図　心長接ぎの竹ベラ

①子葉接ぎ用，②心長接ぎ用
左２本は上面から，右２本は側面からみたもの。
中央のマッチ棒の太さと比較されたい

に入れている。床土の材料は、有機カルシウム剤として卵殻と酵素、ソフトシリカを適量混合し野積みする。九月までに一、二回切り返しを行い、均一に腐らせ、そのとき鹿沼土、くん炭、赤土、とっておいた水田土壌、山土などを混ぜ、堆積して熟成させる。腐植土は二年越が理想である。また育苗床の衛生環境が病菌の予防上の要点として注意が必要だ。

育苗の管理　も重要である。スイカの発芽には床温28℃～33℃あたりが良好である、播種後三、四日で一斉に発芽したあとは、空間床温を日中は25℃くらい夜は18℃くらいにし、

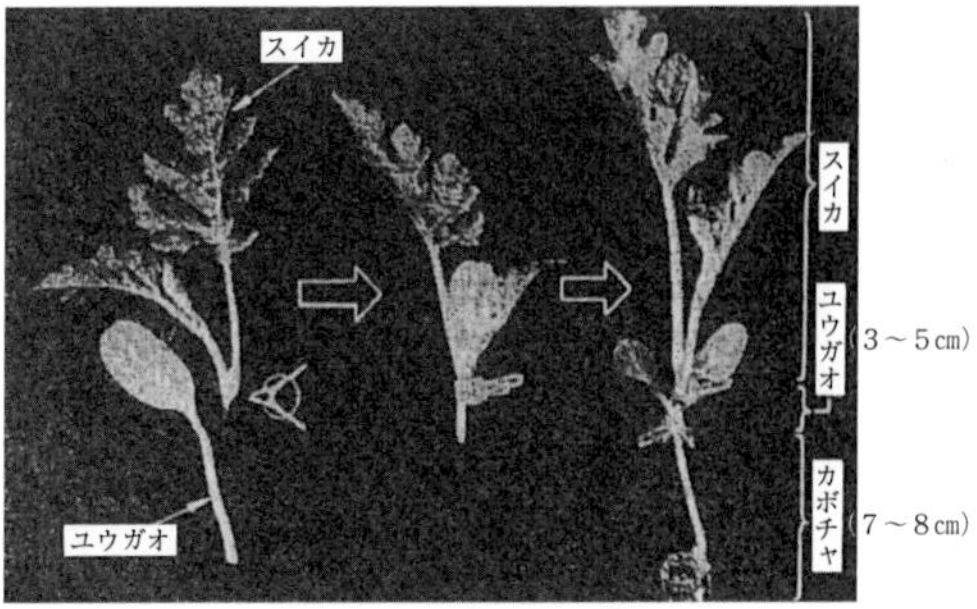

第8図　2段接ぎの手順

ユウガオにスイカを接いでカボチャに接ぐ（ユウガオ，カボチャは片葉切断接ぎ，スイカは心長接ぎ）

水分が多く温度が高いと軟弱苗になり、接ぎ木がしずらいし、活着率も悪い。また、穂木のうちにダコニールかリフレッシュの葉面消毒も必要である。

中間台木の管理　斎藤さんはユウガオ台が一番よいという。四国在来のトウガン台木などもよい。中間台木の強弱によって苗の伸長性は相当にちがい、地力のあるところでは弱い中間台木、地力の乏しいところでは強力な中間台木もしくは強力なカボチャ台木を使って調節するとよい。台木の茎軸の長さは3cm～5cmがよい。台木の播種時期としては、トウ

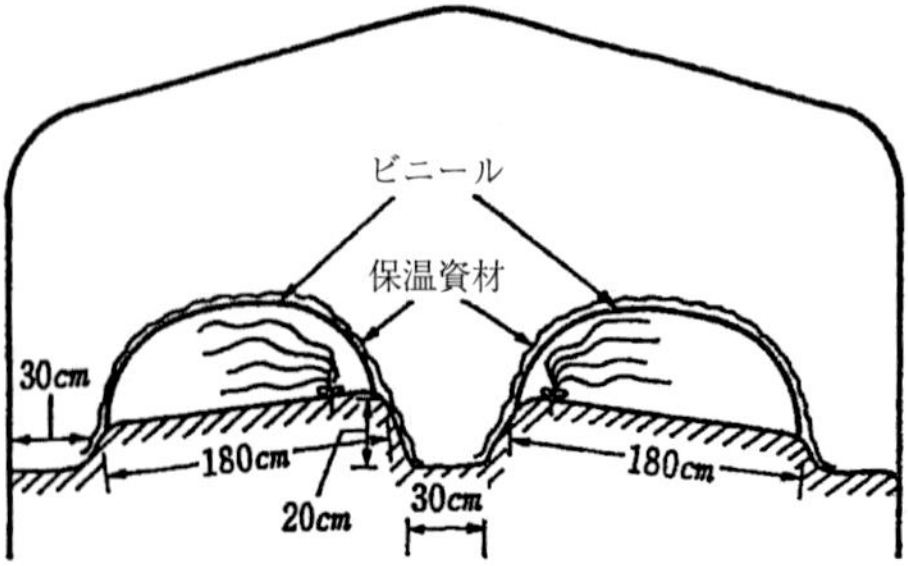

第９図　畦つくり

マッチは前年の天張りビニールで全面に，通路は機械で土揚げ

ガン台木はユウガオより倍くらい日数を要する。ユウガオは台木としては素晴らしいが発芽は悪い。というか、種子がらが固いので、一斉に生えてこない。そこで二〜三日水に浸けて、出芽器を利用する（三日で発芽）発芽した順から発泡スチロールに入れておき、発芽したものだけを播くことが出来るから発芽不良を心配することもない。

とにかくよい中間台木を確保することもスイカ育成のコツである。元台カボチャの品種は元台カボチャ№８。この台木はおとなしい性質で、伸びもかたく脚も細く、葉も小さい。

それでユウガオと同時に播いて脚を太く、接ぎ易くする。

元台は軸葉の硬い立った葉に育成するのが望ましい。水をひかえて締めた台木は樹液が濃く、接ぎ穂との癒着も強い。したがって活着力が高い。2段接ぎでは、床内の空間温度や湿度をやや高めにし、元台の軸足を5㎝以上に伸ばす。これが短いと、中間台木まで土中に埋没し、中間台木から発根し、元台の根より勢いが増し、元台を入れた2段接ぎの意味がなくなってしまう。元台の茎軸が7㎝くらいが理想である。この落とし穴に注意することが元台育苗のポイントである。

さらに台木の水やりは重要で、播種から子葉展開までは充分やる。この時期水分が不足すると、ガミッ葉（変形葉）ができ、脚が短く、接ぎ木しにくい台木になる。その時が過ぎたらあとは徹夜までしてやる必要はない。日中、子葉が脱水症状を起して、障害がでるから、その直前までやらないほうがいい。斎藤さんはそこで自由自在に水やりをコントロールするためにイネの育内箱を利用したという。育苗箱の下に保水性のよいくん炭や木炭、腐植土、鹿沼土、赤玉土、砂などを2cmほど敷きつめる。そしてそれらにユーバレン、ダコニール、リフレッシュなどの消毒液を一、〇〇〇倍に薄めて吸わせておく。苗の立ち枯病などを同時に防御できる方法だという。

接ぎ木のやり方　いよいよ斎藤さんが開発した二段接ぎのやり方を説明する。二段接ぎは工程が二回だから大変だろうと思うが、一、二年経験すれば簡単である。二段接ぎだから、心長接ぎをする人と、台木接ぎをする人とが組んで作業する。心長接ぎをする人は、ユウガオの中間台木をスイカに片葉切断か、さし接ぎし、クリップで止め、台木接ぎをする人に渡す。台木接ぎをする人はその中間台をカボチャ台木に接ぐ。育苗箱から根をいためないように、床土をつけたカボチャ自根の台木をやはり片葉切断かさし接ぎし、クリップで止めておく。この接ぎ木したあと定植までの管理は、それなりに神経を使う。直径10cmくらいの鉢に床土を通気性を考えて半分くらい入れる。移植鉢にはマルチを張って、有効温度の保持につとめる。移植が終了したらオーソサイドかダコールを噴霧器で消毒を兼ねてさっとかけておくとよい。晴天には床温が急上昇しないよう換気に注意する。とくに30℃以上にしないようにするのがコツである。

接ぎ木後二日間は昼夜とも　こもで遮光し、曇天や雨の日はこもをとり温度は25℃をめやすにする。三日目から朝夕弱光に当て、四日目はその時間を少し長くして、穂木がぐったりして葉が巻くくらい日光に当てる。五日目にはお天気なら二時間くらいこもをかけたいが、あとは普通でよい。六日目あたりからは全く普通でよい。接ぎ木だからといって、あまり面倒をみる必要はない。三日目ぐらいには大方活着して、穂木の葉の先端に朝露がもつようになり、七、八日目にはクリップもはずせるし、二十五日目ぐらいで定植できる。

圃場の準備と定植　畦作りは定植作業から収穫までのさまざまな作業管理がある

から、管理の便や地形、陽の光の当り具合など考慮して決めればよい。最近は平畦が圧倒的に多く、高畦は減少しつつある。しかし、湿地では、高畦で水はけを注意し、健全な根づくりをする必要がある。平畦はマルチャーで耕うんしながらポリマルチ張りをするのにし易い。平面積を幅広く作り、地温や保水力に気をつけて三番花までトンネル内に置ける。トンネルは丸型より平円形のほうが風当りが少ないのでよい。またビニールかけ、保温資材かけなど能率が上る。ハウスの場合は、通路だけ機械で土揚げし、ハウスの中央は幅30㎝、深さ20㎝の土を盛り上げるだけである。マルチングは早いほど地温が確保出来る。が降雨後が好ましい。水分が適当にあればバクテリアの活動や肥料の分解吸収が促進される。畦作りの前にはハウスではＤＩＤ、畑ではＥＤＢなどを使って、土壌を消毒してから元肥を入れ耕うんするとよい。そこでこの時期、土壌の湿り具合で生育を左右するから充分注意する。肥料については、斎藤さんは元肥、追肥とも土壌の条件によって加減している。二段接ぎの場合は、着果以後のつるの勢いがよいので、カボチャ台木だけの場合より3～5割元肥を減らしている。元肥は昔からボカシ肥料を使っている。追肥は、作物の生育の勢いを観察しながら施肥している。開花前に追肥した場合、力のある雄花、雌花が開き、結実、肥大が促されるので理想的だが、曇天で冷える日がつづくと、結実せず過度に繁茂し、失敗する。高成分の肥料ほど茎葉が濃度障害や塩類濃度も加わるので、根をいためない良質な肥料を見極め、追肥は養分補給だからうすく広範囲に施肥して、追肥のじょうずな使い方をするとよい。斎藤さんは、土壌作りをした畠ということもあり、元肥に良質な有機質堆肥を施しているので、ほとんど追肥はしなくても収穫まで問題ないと云っている。

定植方法と3本整枝1果どりのつる仕立て　斎藤さんのスイカ作りは心長二段接ぎ、3本整枝1果どりなので、畦の間は225㎝、株間は45㎝に植えつける。定植は

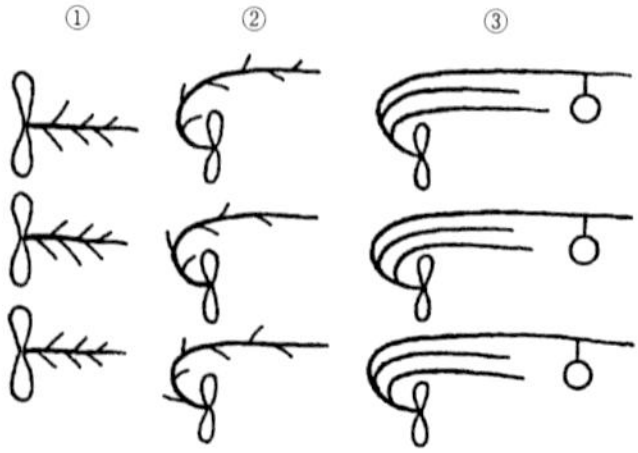

第10図　３本整枝１果どりの一方誘引の手順

①定植後10日ごろまでは植えたまま直列に伸長させる
②畔の方向に直角にUターンさせて主づるが定置し，主づるだけ方向を決める。各節から出る子づるのうちで腋芽を２本だけ残し，余分の腋芽は除く
③着果づるの向きを左か右か畦によって決める。主づるを遠まわしにし，子づるを間隔よく配置する。草勢のよいばあい着果後も腋芽をかく

暖かい日を選ぶ。苗鉢は水分を充分含ませ、苗を鉢抜きするとき、根量が少ないと、定植時に根くずれし、根の切断につながるので充分注意する。鉢土を少なくしているので、根が鉢にまんべんなく張って、網の役割を果たしているから斎藤さんの心長接ぎは、定植したとき根の活着がよい。さらに鉢上げ後、トロ箱ごと水槽にゆっくり浸し、たっぷり保水してから植えつけている。水槽の温度は30℃くらいのぬるま湯である。マルチ下のベッド（畦）はマルチにびっしり水滴が付いているくらいがよい。

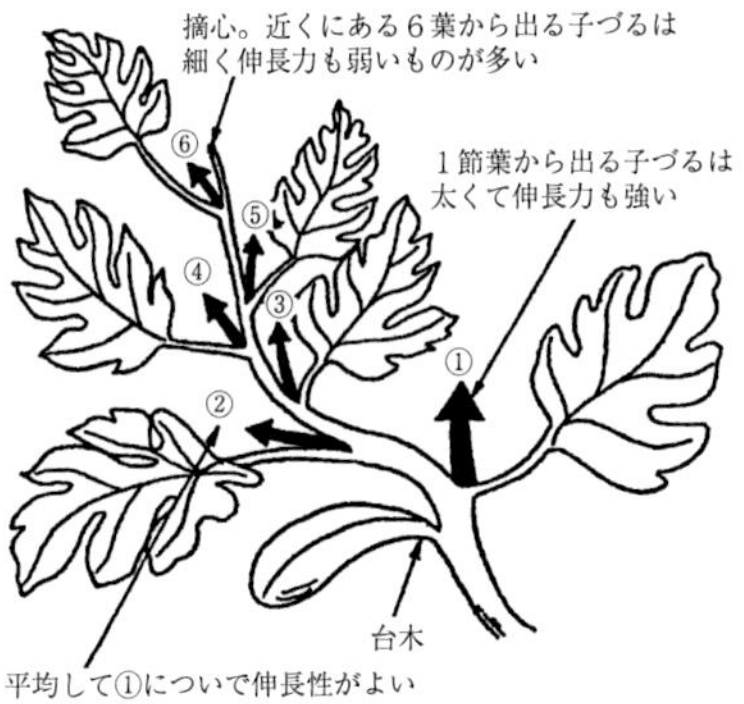

第11図　整枝の要領

3本整枝の方法は、斎藤さんは親づるをそのまま伸張させて、一本のつるだけでは果実を肥大させる力はないので、子づるを2本追加し、3本整枝にする。整枝、誘引、芽かきと作業していくうちに開花、着果となる。

心長接ぎ苗では5〜6節ころから花が着き、雄花、雌花の数が多い。子づる先端、孫づるには生殖型的な要素が強く、有効雌花の着生が早い。20節前後によい雌花ができるので茎葉の勢いをみて着果節位を決め、18節ごろから着果させる。主づるに花芽が遅かったら子づるに成らせる。一株全体の着果に必要な茎

果実の形態、品種

形は球形から枕形まで、色も縞の有無。濃淡おりまぜて、多様な変化がみられる。

葉の勢いや葉数があれば、子づるの雌花が5節前後でも着果させられる。

開花結実期の人工授粉について　交配は最も大事な作業だから手抜きは出来ない。人手を頼んでもおろそかにしてはならない。受粉には温度が大事な要因といわれている。雄花の葯が変色して受精能力が低下しない時間帯に手ぎわよくすませることがポイントだ。（最低気温は12℃）開花時刻は光と気温で調節され、心長接ぎはわずかではあるが開花は早いほうで、朝五時前に雄花につづいて雌花が順を追って開く。さらに、結実を高めるために

果皮の色；縞スイカでは縞の太さや地色の変化があり、無地スイカでも黒から黄まで、地色のちがいがみられる。

は、交配後の保湿、トンネルの開閉時間など気をつける。また、樹の勢いが強いときなど、雌花の先を指でつぶして伸長を弱めるなど着果に有利な管理を怠らないことだ。

斎藤さんは、つるの勢いを鈍らせるためには、先端のやわらかい部分を15㎝～20㎝くらい軽く指でつぶしているそうだ。最近は着果安定のため、ホルモン剤などを使用している人もいるらしいが、自然環境農法に取り組んでいる斎藤さんは、余計な薬剤は一切使いたくないと云ってる。

さて、いよいよ果実の肥大期に入り、玉の

①着　　果		交配後ボール大までは，つるを移動させたり，着果した子房を絶対動かしたりしない。軟らかい表皮が傷つき，落果の原因になる
②摘　　果		摘果後立てて整円を図る。着果15日ごろとくに形が乱れやすい。１日当たりの肥大最高期

第12図　玉の肥大に合わせた管理

大きさを揃えたり、形状の修正をしたり、最後の仕上げの作業としては、心長接ぎの場合は、着果後二十日くらいまでは、従来の子葉接ぎスイカと同じ、やや小ぶりの玉だが、後半になって充実した大きな玉に成熟する傾向がある。気温が低いと果色が青黒く、成長が足踏み状態になるので、温度管理が大切である。摘果は着果後十日くらい、野球ボール大くらいのときが目安である。摘果は品質を左右するので重大な作業である。ソフトボールくらいになったら、直立にして形状の修正を図る。（第12図参照）収穫十日〜十五日前ご

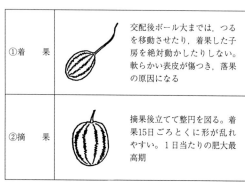

③玉寝せ・反転（収穫10日以前）	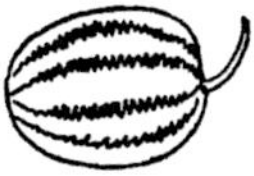	花痕部に光を当て，外色の色むらをなくす。一度寝かせて反転させ，しまの色の均一を図る
④玉立て（収穫５日以前）		仕上げは直立させて光を果実上半に当て，果肉質の直色を同じにし，形状の完成を促す

ろになったら玉を寝かせ、花痕部の日光に当っていない下部の部分やポリマルチ接着部位の下側が平たくひずむので、日光に当てるように直立させ、つるや葉をかきわけてやる。（第12図参照）

最後に、収穫適期の判断について　スイカはメロンやカボチャと違って、熟期が一目瞭然というわけにはいかない。したがって卵大くらいのときに、日付棒を立てておくとか、交配日に目じるしの標識を立てておくとか、収穫日を決めておくとよい。

（「農業技術大系」掲載の斎藤行正氏執筆の

皮も実も美しい黄色のスイカ「黄美呼」と斎藤さん

要旨）

新品種「黄美呼」開発　スイカ栽培歴半世紀になるという斎藤さんが、今、最も自慢しているのが「黄美呼」と名付けて愛でている黄色いスイカだ。

皮が緑で実が黄色、皮が黄色の縞模様で果肉が赤いスイカや黄色いスイカはいくらでもあるが、皮も果肉も黄色いスイカは全国的に珍らしい。斎藤さんが開発したのである。

斎藤さんは今から約五十年近く前、当時農相だった故山村新治郎氏に大玉縞模様のスイカを贈ったことで面識を持ち、山村氏から米

肉色；日本で経済栽培されている品種にも、赤、ピンク、黄白色と、肉色のちがいがみられる。

写真解説	倉田　久男（香川大学）	写真提供	上住　泰（奈良農試）
写真撮影	皆川健二郎（農文協嘱託）	撮影協力	森田欣一（みかど育種農場）
写真提供 撮影協力	山室慶一（茨城園試）		米田和夫（日本大学） 渋谷正夫（東京駅教育大学）

国には皮が黄色で実が赤いスイカがあることを聞いた。その種を譲って貰って、最初は実は普通のスイカと変わらない皮の黄色いスイカを作付けしてみた。大玉より少し小ぶりだが、当時は「黄色い皮のスイカ」として珍しがられた。

が、それで満足する斎藤さんではなかった。地元の育苗業者「㈱東洋農事」の大島市太郎さんと共同で、果肉も黄色いスイカの開発に取り組んだ。アメリカの黄色いスイカと、日本の小玉スイカで皮が緑色で実が黄色いスイカの交配を試みた。何度も失敗しながら、約三十数年前に育苗種に成功した。

長方形で大玉と小玉の中間ぐらいの大きさ、重さは2キロくらいある。皮も実も鮮やかな美しい黄色で、黄色の果肉は瑞々しく、肌理が細かくシャリ感があって、味が爽やかでさっぱりしている。口の中でとろけるような甘味と旨みがまた高貴で、まるでスイカの貴婦人のようだと思った。斎藤さんは大はしゃぎで、迷わずに、

「これは、邪馬台国の女王卑弥呼だ。卑弥呼とつけたいが「黄美呼」にしよう」

黄美呼。いい名前だ!!　と悦に入っていたと、大島さんは云う。珍しいので当初は親類や知人・友人に贈っていた。新聞やテレビで紹介されると、家に買いに来る人たちの、評判が評判を読んで、販売をはじめた。市場にも出荷し、「農産物直売所」や「道の駅」にも置いたが、すぐに売れてしまう。

六月の上旬と下旬の2回収穫期を決めて、2千個から3千個を生産していた。

メロン作りの名人
――白樺メロン――

かつて斎藤さんが作っていたメロンは、白樺メロンを中心に、プリンスメロンやアールスメロンを作っていた。茨城県はスイカの他にメロンの生産地でもあった。美味しいメロンで有名だが、斎藤さんが作っていた白樺メロンは特に美味しかった。それを何故やめてしまったのか、聞いてみると、メロン栽培もかなり気を使い、一人でスイカもメロンも作るのが、老齢になったこともあって手がまわ

果実の発育とネット発現

ネットメロンの代表であるアールス－フェボリットは美しい網目を生じるが、同じネットメロンでもアメリカのキャンタロープは、わずかしか発達しない。もちろん、他のウインターメロンやマクワウリにはネットはできない。次に示すのは、アールス－フェボリットのネット発生のようすである。

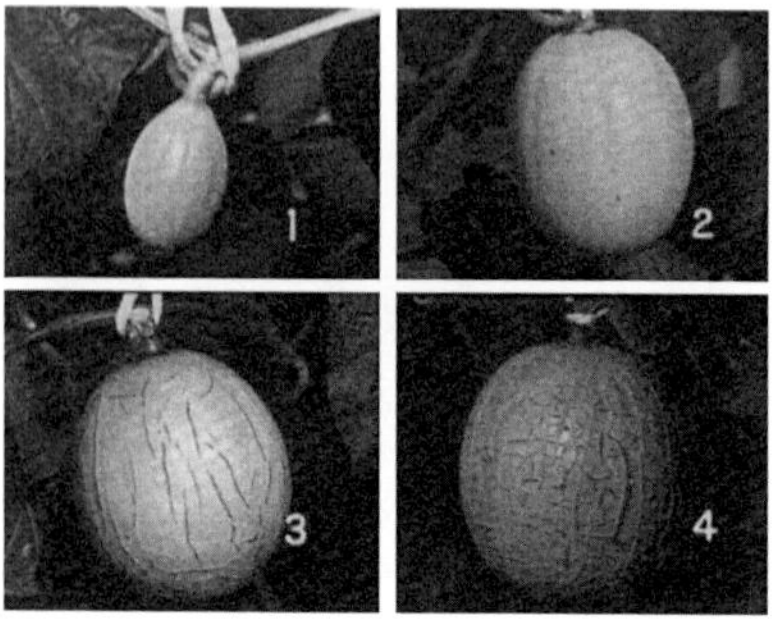

1．**交配6日後**：このような果は、玉伸びもネットの出もよい。

2．**交配14日後**：ネットの形、果形がほぼ推定できる時期。

3．**交配18日後**：まず縦ネットが現われる。

4．**交配23日後**：横ネットが現われ，ついで細かいネットが出る。

らない。人手が足りないということが理由だった。いろいろ考えて悩んだ末に、メロンをやめることにした。断腸の思いの決断だった。スイカとトマト、キュウリが基幹産業で、エネルギーを集中的にかけているので、メロン作りがおろそかになる。七十歳も半ばを過ぎると、若いときのような無理は出来ない。体力に自信がなくなったことは事実だった。

メロンのルーツは　元々は雑草として扱われていた植物である。荒れた畠や道端に雑草として自生していたもので、農家の人々から「オロカバエ」と呼ばれて嫌われ、雑草とし

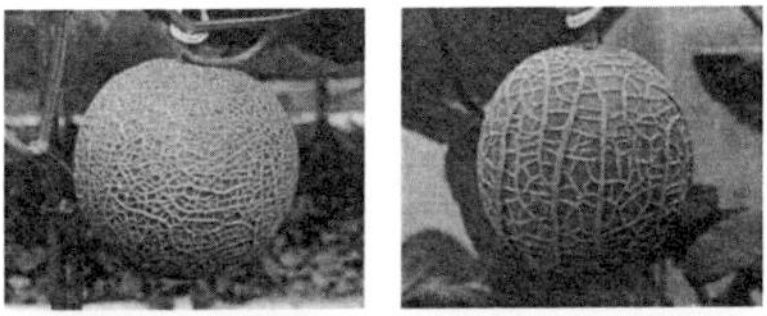

ネットの細かい果(左)；下位節に着花させると，このようになりやすい。

ネットの粗い果(右)；温度や水不足の管理を行なって，硬果になったばあいなどにできやすい。

縦ネットしか出ない果(左)；灌水のやりすぎや高音すぎたばあいに起こる。

ネットの出ない果(右)；坊主メロン。これは左図のいっそう激しいばあいのもの。

て引き抜かれていた。そのメロンが高級果物として珍重されるようになるまでには、長い年月がかかっている。ネット・メロンに生れ変り高級な果物として喜ばれているが、実は手間のかかる植物なのである。

生産者にとっては、接ぎ木苗の技術から、温度管理や光管理、水分管理、病害管理と非常に細やかな神経をそそがないと、よいメロンは出来ない。

メロンに限らず、農家はすべて農業経営の基幹となるものを決めて、何に重きを置くか考えて作付けを決める。

ハネデュー

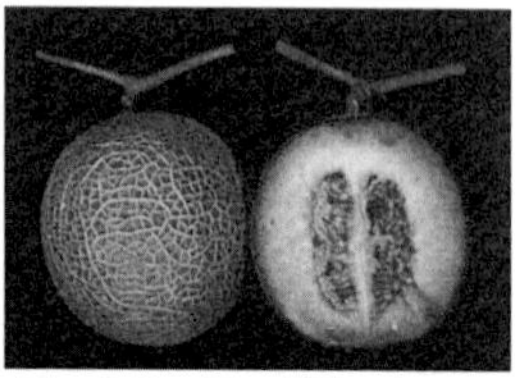
アールスーフェボリット

サンライズ

メロン類は，他の植物と異なり種内分化が著しく，携帯的にも非常に変異にとむ。
今日，われわれが食用にしている者は，C. meloの reticulatusとmakuwa類とで，他にinodorus, cantaloupensisなどとの交雑種がある。

実は、農業はイネ作が、畑作よりも労力面では一番人手がかからない。が、農業は労力さえあれば、野菜園芸ほど魅力のあるおもしろいものはないらしい。やり甲斐を一番感じるものだと、大方が口を揃えて云う。が、難しいのも野菜園芸で、絶対に失敗出来ないから、採算が合わなければ諦めざるを得ない。残念ながらそんな次第で斎藤さんもメロン作りは数年前からやめてしまったのである。

ヤサイ作りの名人

トマト、キュウリ、白菜、玉蜀黍、落花生、大根、蕪、人参、ジャガ芋、
サツマ芋、サト芋、ほうれん草などの葉もの数種類他

野菜作りの非常識栽培が農文協から出版されている月刊誌「現代農業」（二〇二〇年四月号）に紹介され、話題を呼んでいる。植物の生命力というか植物の持つ能力というか、説明はいらない、自然の摂理というものだろう。岡山県の山間地のある農家がトウモロコシのわき芽挿しで栽培をしたら、どの株にもわき芽が出て、ぐんぐん大きくなりどれが親か分らなくなった。従来の農法だと、わき芽は養分を吸ってしまうから、間引いていた。トウモロコシは、一株の木に

一本だけ実をならせて収穫するというのが当り前だった。が、わき芽をもぎ取って捨てるのが勿体ないくらい立派なので、そのわき芽を畠に挿し芽して育てたら立派な実がなった。

もともと創意工夫が大好きな性分の埼玉県畜産試験場に勤めていて、停年退職した方は、晩酌中に思いついたという「ジャガ芋の芽だけ植える」話をしていた。従来の農法だと種イモを四つに割って、定植していたが、一〇年前からは、ジャガ芋の芽だけを植えるやり方を試みた。ちっちゃな芽でも、立派なジャガ芋がとれた。芽かきの手間ははぶけるし、芽かきしていた芽がもったいないと思っていたから、それらが省けて助かるという。まだいろいろ従来の常識にとらわれない野菜の非常識栽培が多くさん紹介されていた。斎藤さんは接ぎ木の名人といわれる「心長接ぎ」を考案した野菜作りの名人だが、人それぞれの農家の裏わざともいうべき農法があっていい。非常識などと云う必要はないと憤慨する。化学肥料や農薬に頼らない農法をみつけて取り組んでいる人はいっぱいいるし、非常識ではなく、新しい農法の発見というべきだろう。農業人としてみな研究しているのである。が、最も重要なことは、農産物はそれぞれ実践を積んだ体験から、工夫して生れる産物だから新鮮で美味しい野菜が出来るなら何んでも有だという。

つまり化学肥料や農薬の弊害が社会問題化したときから農薬に頼らない有機農法や自然農法に踏み切り「私の農法」をみなが研究しはじめた農業人が増えたのである。農イコール命に繋がる生産物だから、化学製品に頼ることは危険であるし、農業人がそのことに目覚めたことは嬉しいことだと、斎藤さんは云う。育苗技術や完熟堆肥、肥料の作り方、接ぎ木や挿し芽の新しい発見、稲や何十種類もの品目のある野菜作りも、それぞれの品目に合わせた農業資材を試して、食味や大量収穫をみつけたり、収穫期間を延ばす方法とか、病害虫の問題等、各自知恵を働かせて技術を磨くのは、農業人であるなら当り前のことだ。

その当り前のことを斎藤さんもやって来たまでのことで
「俺だけが特別ではない。みんなやっているんだ」

と仲間を弁護する。

農の根源には自然環境がある。農は自然環境抜きには成り立たない。原始の昔から農は人類の生活の源であった。自然と折り合いをつけて共生してきた。地域の土壌や気候など環境条件に適応した育成方法が、農の根原であることを斎藤さんは学んできた。

無農薬農法という言葉はない。と化学肥料や農薬が問題視された時期、盛んに云われた。そこで有機栽培とか自然農法とか呼ばれたが、斎藤さんは一貫して「俺は自然環境農法だ」と云ってきた。基幹作付けはキュウリ60ａ、トマト20ａ。を中心に、他に白菜や玉蜀黍、落花生などは旬のみ出荷している。ジャガ芋、サツマ芋、サト芋、人参、牛蒡、葉もの野菜など、それに西洋野菜のブロッコリーやセロリなども、数えたことはないが、何十種類もの野菜を作っている。市場に出荷しているのは、キュウリ、トマト、スイカである。

野菜の中でも年間を通して市場に出荷しているのは、キュウリとトマト。キュウリとトマトが基幹農業だが、スイカや白菜、トウモロコシや落花生は旬のみ出荷している。露地栽培もあるが、大方が施設園芸で、土壌は既に堆肥化が完成しているので、堆肥や肥料は、控え目に施肥している。ここ数年前からは、「卵の殻」の虜になっている。ランカルを肥料資材として堆肥作りや元肥、追肥として施肥するようになってから、味が極だって抜群によくなった。キュウリの旨み、トマトの旨みが引き出されて、驚くほどアップしたのだ。従って、味のせのためには、欠かせない農業資材である。

昨年、十二月に作付したキュウリに異変が起きた。野菜作りは、ベテランの斎藤さんにはこれまで起ったことのないウイルスモザイク病に取りつかれたのだ。

大騒ぎになった。この病気にかかったら出荷できない。「ウイルスモザイク病だと全部株を抜かなければならない。」と、電話で相談した「㈱東洋農事」の大島会長が云う。

妻の美代子さんは、朝、キュウリの収穫に行って、三〇株ばかり、毎朝抜いているという。その妻の言葉が、ずっと頭をよぎっていた。斎藤さんは藁をも摑む気持で「ざから㈱」の永井社長に電話を入れ、相談した。「ざから㈱」の永井社長は、卵の殻で作った「オーバルL」という液肥をすすめた。通常は二〇〇〇倍に希釈するのだが、少し強めの

斎藤さんと筆者

八〇〇倍に希釈して、葉面撒布をすすめられた。死活問題だから祈るような気持ちで、云われるとおりに葉面撒布をやってみた。そしたら、魔法にでもかけられたように葉面撒布を二回しただけで、症状がぴたりと止まった。間もなく、そこから先の成長点は元気を取り戻して、十日後にはよい葉が出て来て元のように復活した。そして苦みのない、甘く美味しいキュウリが多くさんなった。スイカ栽培にランカル「卵の殻」を使うと、独特のシャリ感があって、糖度の高い、美味なスイカが出来る。「卵の殻」が原料の「オーバルL」

卵の殻を焼成したオーバルLを2回かけたら症状は全く消えたというキュウリ

モザイク病で葉にモザイク症状が出たキュウリ

は、高濃度のカルシウムの結合で、糸状菌やウイルスを抑制する成分が含まれているためと、永井社長が説明する。

斎藤さんが土壌の堆肥化に最も惚れ込んで使った漢方薬草三十一種類を原料にした農業資材の土壌改良活性剤「長等元」に継いで惚れ込んでいる卵殻だった。この卵殻を斎藤さんは作っているヤサイの全作物に使って、収穫物の食味はもちろん量産している。卵殻様様と上機嫌になっている。ここでその卵殻について、「オーバルL」を製造販売している「ざから㈱」の永井守夫社長が推奨するその

いつものように元気を取り戻した斎藤正行さん

効能を再度引用しよう。

卵殻はまさしく、卵の殻が材料である。近隣にキューピーマヨネーズの工場があって、毎日大量に卵の殻が産業廃棄物として出る。これを何んとか肥料に出来ないかと「ざから㈱」が研究を重ね、卵殻を高温焼成し粉末化して、「焼成ケイカルS」という土壌改良剤を作った。農業資材として特許を取り商品化した。

が、当初の頃は使い方がよく分らず、堆肥作りに入れたりしていた。斎藤さんも堆肥作りに使っていたが、そのうち追肥として使っ

葉がピンとして元気なキュリ。中央のウネのキュウリが低いのは、
出荷をずらすために2本仕立てにしているから

てみると、キュウリやトマトの味がよくなった。その他の露地ものの野菜や水稲に使ってみた。「ケイカルＳ」を田圃に入れると、微生物が活性化し、田圃の水がぬるま湯のように温度が上り、ぬるぬるしている。「ケイカルＳ」を入れない田圃は、水が冷たくかちかちに固まっている。収穫した米粒は、まるまると実ってはち切れそうだった。

「ケイカルＳ」には、ナトリウム、鉄、カルシウム、カリウム、マグネシウム、銅、亜鉛、マンガン、ケイ素、アルミニウムなど、中量要素や微量要素が含有しており、大量要素で

5月植の元気なトマトと斎藤行正さん。野菜は地元のイトーヨーカドーとの契約栽培

オーバルＬの500ml

あるチッソ、リン酸、カリを助ける補助資材として植物の生育をサポートする効能があるのだった。

今回キュウリのウイルスモザイク病に撒布した「オーバ１ルＬ」は同じ原料で、焼成したアミノ酸カルシウムを水溶液にしたものである。植物が効率よく吸収するため、水溶液にした。病害に対する抵抗力を高める役目を果たしているという。商品としては、手軽な葉面撒布剤として登録され、特殊肥料として売り出されている。

ちなみに同じカルシウム肥料でも、炭カル

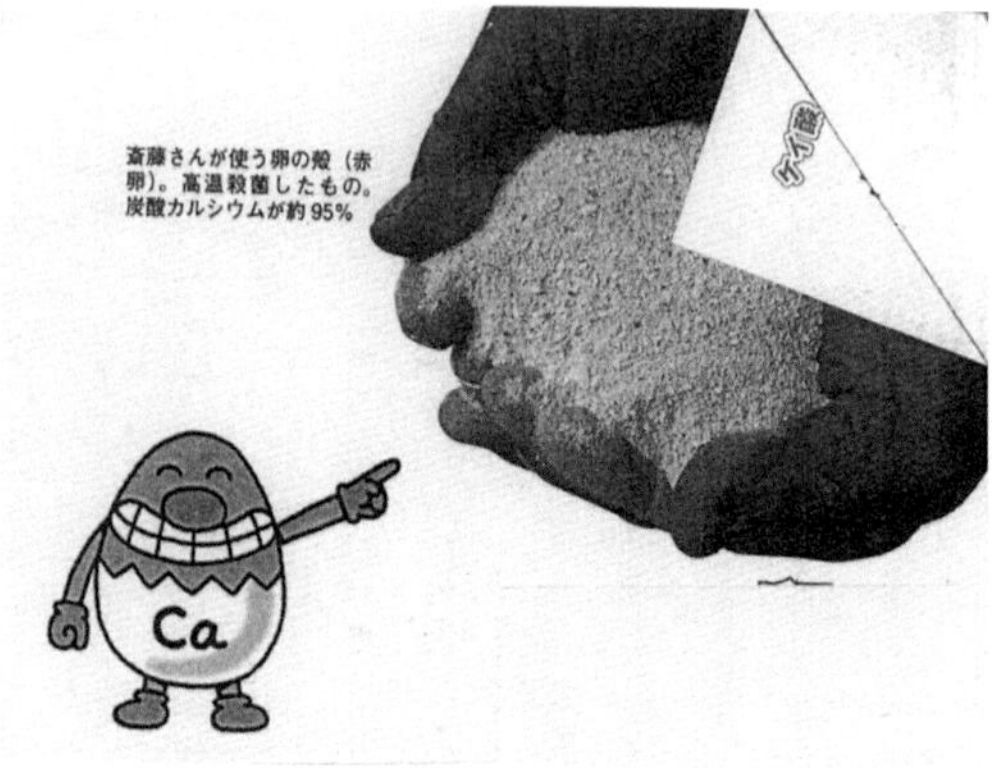

斎藤さんが使う卵の殻（赤卵）。高温殺菌したもの。炭酸カルシウムが約95%

や苦土石炭などの「いしばい」では、土がカチカチのコンクリートみたいになってしまう。卵の殻には小さい穴がいっぱい開いているので発酵しやすい性格がある。

近隣の親しい仲間にすすめて、みなが使っている。一〇K入り一袋八〇〇円で安いのに効くから、農家はみな大喜びだ。

「カルシウムが足りないと、人間も精神が荒れて、すぐキレたり凶暴になるでしょ。牛乳を飲むと優しくなると云われているから、いかにカルシウムが大事か、卵殻はほんとに偉大な仕事をしてくれる」

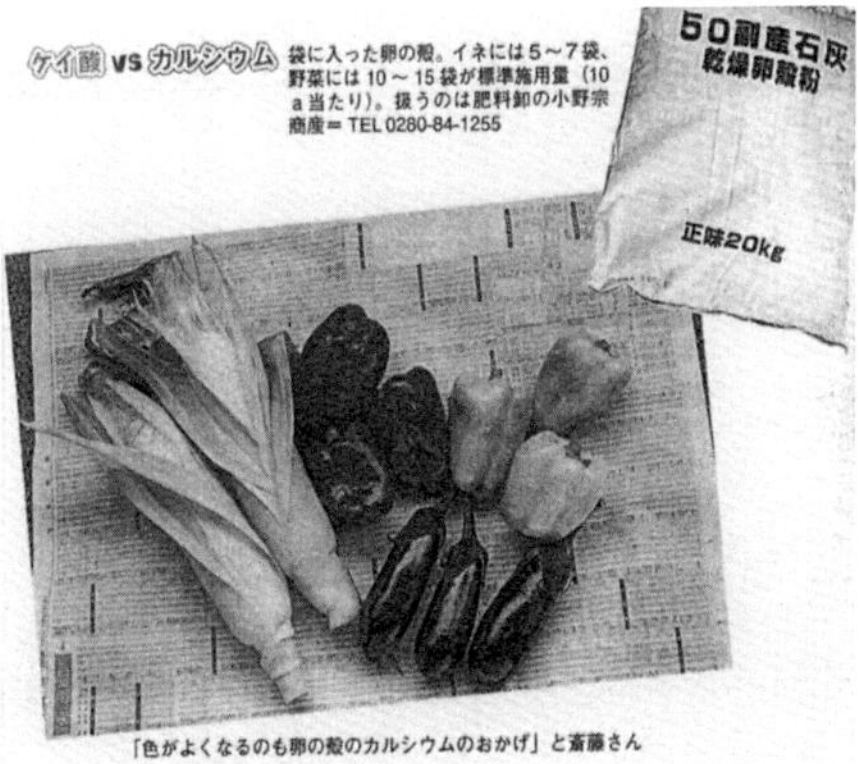

袋に入った卵の殻。イネには5～7袋、野菜には10～15袋が標準施用量（10a当たり）。扱うのは肥料卸の小野宗商店＝TEL 0280-84-1255

「色がよくなるのも卵の殻のカルシウムのおかげ」と斎藤さん

そういう斎藤さんは、「ケイカルＳ」の粉末をスプーン一杯をそのまま食べているそうである。

「焼成ケイカルＳ」の成分は、一㎝の土壌の地力を回復させるのに、わずか半月もあれば、回復するそうで、「ケイカルＳ」を畠に撒けば、あとは、ミミズや微生物が元気になり、彼らが土を耕起してくれる。鶏卵(卵殻)はやがて、日本の農業を救ってくれる救世主になるだろう。と斎藤さんは云っている。

第3章

土壌の堆肥化

人間作れ、土作れ、農作物作れ

日本農友会実習所の門札替わりに、松田さんの三作れの言葉が掲げられている
そうだが、松田さんにとっては、一世一代をかけての無窮の遺訓になった。

「オーイ稲やヤサイ君、今年はよく実ってくれ、頼む」

と云っても、稲や野菜は、

「貴君《あなた》は努力してくれたか。貴君が努力しなければ、我々も元の通り」

と返事するに違いない。

土作りに精を出せば、作物も答えてくれる。人間が稲や野菜を作るのではない。

人間は稲や野菜がよく出来る土を作るのである。その土が稲や野菜を作ってくれ
るのである。これが松田さんの、戦後の食糧増産時代に奨励した農法である。

斎藤さんは、松田さんの教えを、現代にも通ずる根本的な農業の基本であると云っている。

人間と土が出来れば、あとは農作物作れの基本を養うことだ。種子作れ、苗作れ、そして踏み出しに注意し、早肥料、早手入れを施せばよい。「何事も基本に培え」で、施肥も手入れも刹那刹那にピシャリとあわせること。適時期流を見逃さないことだという。

さらに松田さんは自分作れと云っている。這えば立て、立てば歩めの親心の歌をもじって、

播けば芽生えよ、芽生えては育ての百姓心、
腰の痛さも、ひもじさも忘れて、

農作物に心奪われて、無我になる心が、真の百姓魂である。慰安娯楽を他に求めたり、安易な化学肥料や化学農薬で農作物を作る態度では、絶対に百姓魂は身

に着かない。百姓たるもの農魂を基本としなければらない。農作物の前に立って、作物と話が出来るようになること。稲は稲から学べ、世の中のことは世の中から学べという格言がある。微妙の域に届く心配りとか、透徹した観察力を養うことが大切である。要するに企業が人材が大切というのと同じで、農業も農業に携わる農魂を養えということである。

次に松田さんの云う土作れ！についていえば、土作りは即ち地力増進ということで、地力増進の方法には、

排水・堆肥化・風化

の三条件を充たすことである。土の性格によっては中和が必要な場合もあるだろう。また土質によっては客土が有効ということもある。何といっても土作りの第一条件は排水で、排水がよければ地温が高くなり、土中に空気が入るから、根の呼吸作用を助ける。バクテリヤが繁殖して肥料分解がよくなる。また排水によ

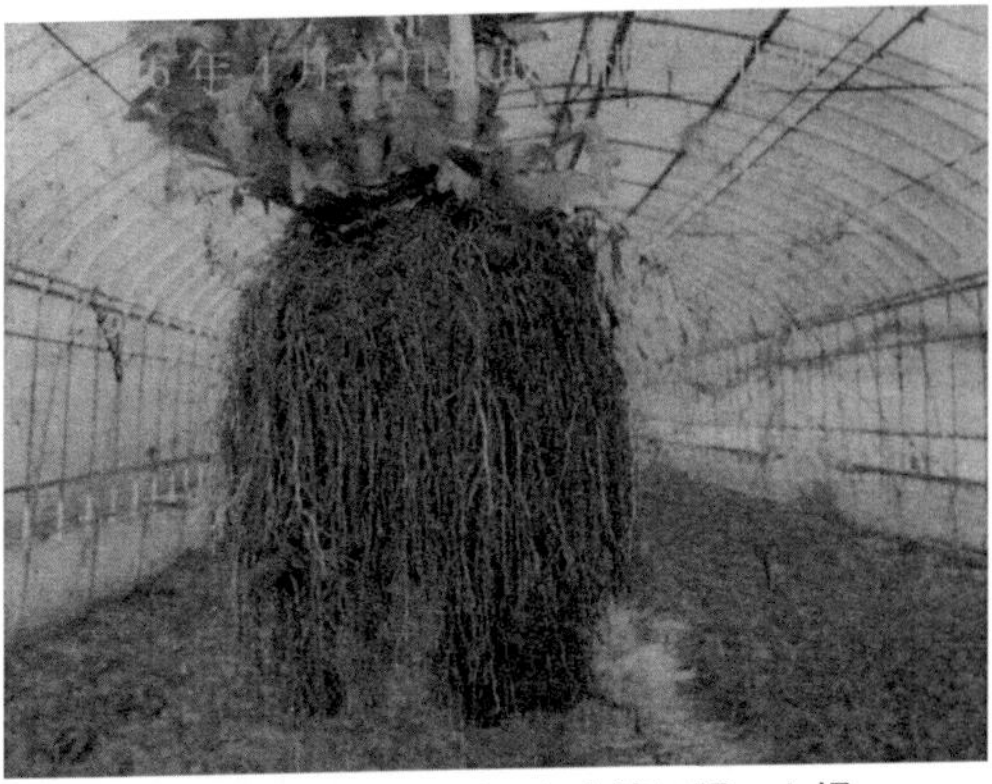

団粒構造が出来上がった土壌に張った根

って土中の有害成分が流失するので、農作物の病害予防になる。その結果として農作物の品質、つまり風味や甘味が左右されて、高品質の、しかも花が咲けばすべて実を結ぶという、嬉しい収穫に繋がるのである。と松田さんはいう。

土作りの二番目の条件は、土壌の堆肥化である。松田さんの著書から簡略に引用すると、あらゆる植物の根は堆肥に巡り遭うと、必ずひげ根が出る。このひげ根が茎や葉を大きく繁茂させる。葉が立派ならばよい実が結び、嬉しい収穫に繋がり、百姓冥利に尽きる。

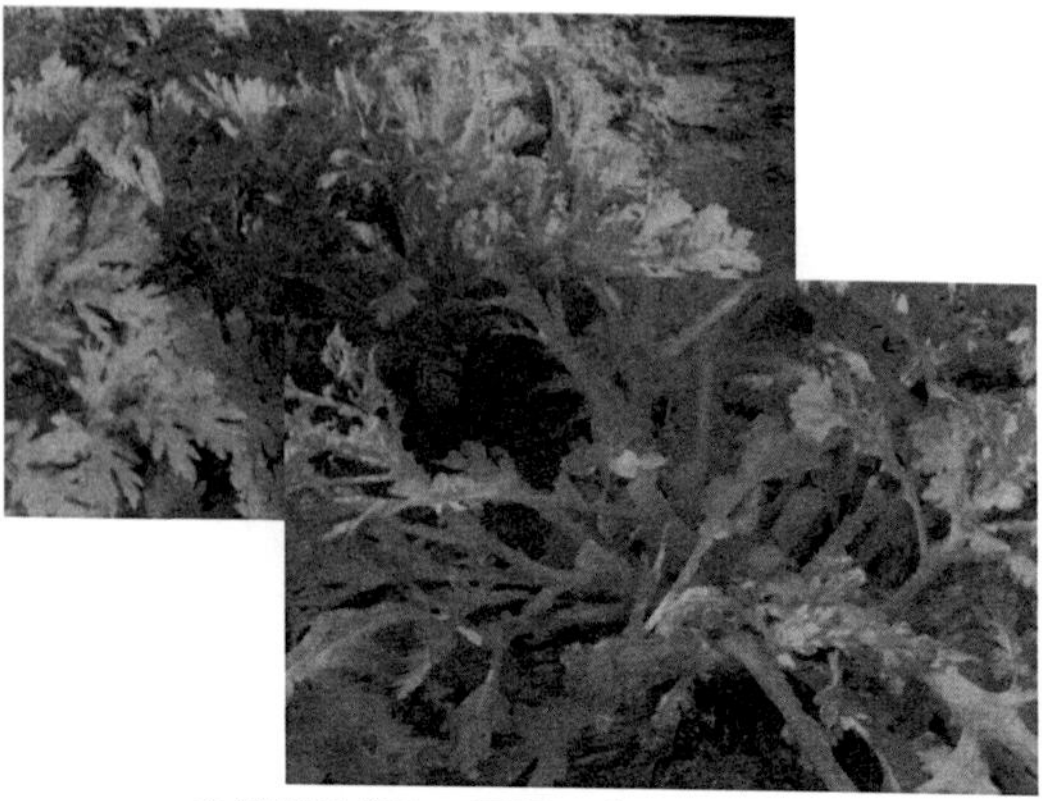

自然環境農法の圃場で育った豊な作物

が、この土壌の堆肥化は、どうしてどうしてそう簡単にはいかない。大方が苦労している。松田さんは、反当り千貫の完熟堆肥を五ヶ年つづけて、排水に気を配りながら、魂を込めて行えばうまくいくといっている。が、誰でも簡単に実行出来るものではない。

最近、有機栽培が合言葉のように、土壌の堆肥化の試行錯誤が農業人の間で模索が始まったが、大方が挫折している。実は、肥料を大量にやることに拘らなくとも、土壌の堆肥化は、土を肥やすというのが目的だから、注意して身の回りを眺めれば、堆肥材料は無尽蔵にみつけることが出来る。農業者その人の間断ない努力が必要で、何が何でも俺は堆肥化をやるぞという意気込み、不撓不屈の精神、濃魂さえあれば堆肥材料は直ぐみつかると松田さんはいう。精米所、醸造所、市場、養鶏所や養豚所、工場、山野草や枯れ葉、海浜の藻、とくに麦殻などは効能が高い。

さて、戦後間もない熊本地方で、地元の百姓たちから農聖と呼ばれ敬まわれて、銅像まで建立され、顕彰された松田さんのようなわけにはいかないが、関東地方の茨城県筑西市の片田舎で七十数年、畑作一筋、有機栽培に徹して生きて来た男、斎藤行正さんの実践にも松田さんの「心眼農法」が貫かれている。斎藤さんは品評会に出したトマト作りで有機農法を試み、また自分も農薬害に苦しんだ経験から農薬害の悲惨にいち早く気づき脱却した一人である。有機栽培一筋に、土作りに取り組み、松田さんの求める不撓不屈の精神の持ち主である。

創造性に富んだヤサイ作りの名手で、「新接ぎ木法」を考案したヤサイ苗の接ぎ木の名人でもある。その斎藤さんが取り組んだ土作りを紹介しよう。

人間は綺麗な血液がいのち・作物には土がいのち

斎藤さんの家の前の道路際の畑には「長寿元実験農場」と書かれたのぼりが、風にはためいていた。

いよいよ漢方農法に取り組む決心が固まったのだなと思った。研究熱心な斎藤さんらしい決断である。

「長寿元」による漢方農法とは、十八種類の薬草や山野草を組み合わせて薬湯を作り、その薬湯をベースに、さらに十三種類の薬草を追加して、「土壌改良活性剤」という土作りの農業資材が開発された。商品名は「長寿元」という。

漢方薬草による土壌改良活性剤である。つまり戦後農法の化学農薬や合成化学肥料で酸性化した土壌を回復させる効能がある、画期的な農業資材である。開発したのは群馬県桐生市の赤城山の麓にある「㈱薬草研究所」。社長は阿久沢うめよ女史である。七十八歳になる老女史だが、通算五十年の歳月を費やして薬草研究に没頭した。

作物にとって土壌は、人間の血液に等しい。劣化した土壌からよい作物は獲れない。農業にとって土壌作りは最大の仕事。と云ったのが農業の神様と敬められた四国に松田農場を創設した松田喜一氏だ。松田氏は敗戦によって疲弊した日本国土や国民を憂い、食糧難を克服するために、生産性を高めるよい土作りを提唱した。土壌の堆肥化を叫ばれたのである。土壌の堆肥化によって作物の収穫アップがはかれる。農業の理想とされる土作りの奨励だった。

戦後農法は、アメリカの大規模農業に倣って、機械化を奨励し、合成化学肥料や化学農薬が普及された。その結果、土壌は酸性化し劣化した。土壌の劣化は、土壌本来の役割を失い、農業は自滅するかもしれない一途を辿っていた。

それに、一九八〇年代に入った頃から、消費者から食の安全が求められ、農薬が社会問題になってクローズアップした。農業人たちも農薬の弊害に気がつき、有機農法を模索しはじめた農家が増え始めていたのである。

折しも阿久沢うめよ女史が、漢方農法を標榜し土壌改良活性剤「長寿元」を、農業資材として提供した。健全な土壌化が叫ばれていた。丁度その時期だった。理学博士で日本ＧＲＤ代表の川田薫教授は、阿久沢うめよの漢方による農業資材「長寿元」の開発に絶大な賛辞を贈っている。

「何千種もある植物の中から、相性の良い組み合わせを探るのに、植物の中に夜具を持ち込んで寝起きし、植物の声を聴いて発見したということ、こうした発想、豊かな感性が素晴らしい。大学の先生でもない。科学者や研究者として勉強してきた専門家でもない。体系だてて理論を学んできたわけではないが、私がとくに素晴らしいと感動したのは、自然のサイクルを基本にしたものの考え方や、人生観の上に立って、薬草の相性に着目したことである。薬草畑に寝て、薬草と会話したということ……」

と、阿久沢女史を絶賛したのだった。現代の科学者たちは実験室の中だけで、物ごとを解明しようとしている現状だが、阿久沢女史の卓越した方法論と感性は見習うべきである。とてつもなく大きな仕事をしたと褒めているのだった。

この土壌改良活性剤「長寿元」の効能について、斎藤さんは、品評会に出品するトマト栽培で有機農法に切り替え、土作りが農にとって一番大切であることを実感していたので、さらに「長寿元」による土作りを実験してみようと、「実験農場」を名乗り出たのだった。その詳細を述べる前に、「長寿元」の原料となる薬湯の効能について簡単に述べておきたい。

うめよ女史が開発した薬湯は「長寿元芳泉」という。農業資材「長寿元」の原料である。当初の頃は温泉療法の湯治場を開設し、先ず宿泊施設を建設した。日帰り客のためには憩いの大広間を設け、湯茶の接待が出来るようにした。

人間の躰は、血液さえ綺麗ならば病気にかかり難い。たとえかかっても軽く済む。というのがうめよ女史の持論だった。

そこで漢方の研究をはじめ、日本に自生、あるいは栽培している野草や薬草の研究がはじまった。野草や薬草の種類は三千種類もあるそうだが、その中で相性のよい野草と薬草を組み合わせ、十八種類を配合して入浴剤を作ったのである。

「長寿園」を開設したのは一九七〇年（昭和四十五年）神経痛やリゥマチ、喘息や腰痛、肩こり、皮膚病やアトピー性皮膚炎などのアレルギー、膠原病といった、現在の医学では、治りにくい不愉快な病気で、途方にくれていた人々は、薬湯温泉療法を求めて大勢湯湯治《ゆとうじ》にやって来た。温泉は、皮膚呼吸で新陳代謝を促し、血液の浄化を援ける。人間は血液が綺麗ならば、病気にかかりにくい。たとえかかったとしても、自然治癒力が働いて重篤にならずに快癒し易い。

とくに農薬を使うようになった農家の人々が、原因不明の眩暈や立ちくらみなど、体調不良を訴えてやって来る。医者に行ってもどこも悪くないと云われる。湯治客の大半が農家の人たちで八十パーセントを占める。

みんな顔が黒ずんで生気がない。神経質そうな苦い表情をしている。皮膚障害や内臓疾患に犯されている人が多く、暫く湯治をして良くなって家に帰り、再び農作業に戻ると、農薬撒布をするので、また具合が悪くなったとやってくる。

躰がだるくて、仕事が出来ないという。

つまり農薬害で体調を崩したのである。農薬撒布には万全の防備をして行うが、長い間には微量な霧を吸い込む。浴びたりもするだろう。それに農薬ばかりではない化学肥料で作った米や野菜を長く食べてきたことも原因の一つだ。

そろそろ人間の体に戦後農法のつけがまわってきたのである。

「長寿園」の大広間は、あたかも農業人の会合のように、喧々諤々大変な騒ぎだったという。

その中には斎藤さんもいた。実は、斎藤さんは父親の手伝いをしているときから、具合の悪くなった父親に代わって、農薬撒布を受け持ってきた。結局、頑健だと自負していた斎藤さんも、体調不良に陥った。で、仲間に薦められて桐生の「㈱薬草研究所」へ湯治に訪れたのだった。

私は、出版社の仕事で、うめよ女史の取材に通っていた。そこで斎藤さんと出会った。うめよ女史は取材の最中に、

「湯加減を見てくる」

と云って席を立つ。その都度湯に入って来る。血液の循環がよくなって、血色の良い顔つきで戻って来ると、

「あなたも疲れがとれるからひと風呂浴びていらっしゃい」

と、強要されるので、私も何度か湯に浸かった。確かに家のお風呂とは違う。浸かった後の気分のよさだけではない。躰が喜んでいるような感覚を感じた。血流がどくどくとよく流れているような感覚。全身から火が噴くのではないかと思うほど、発汗作用が激しく、汗が流れた。

薬湯温泉の効果は、湯に浸かることで、血液の循環がよくなり、人間の皮膚は毛穴から皮膚呼吸しているから、漢方薬草のエキスを吸収し、汚れた血液を廃出する作用で、綺麗な血液に浄化されていることを確かに感じた。

昔から湯治による体質改善が云われてきた。

薬湯温泉をはじめて間もなく、うめよ女史は、農家の人々が薬害に悩まされている状況を知ったのだった。

農薬で作られた食べ物、食品添加物がたっぷり入った化学食材。さらに飲み水も農薬や化学物質に汚染されている。そこでそういう社会を元から変えなければ、人類は滅びるという、危機感を抱いた。

人間の健康には、毎日の食べ物が大きく左右する。安全で健全な農作物を作るには、農作物を生育する土壌が大切だ。植物にとって土は、人間の血液と同じ役割。原因不明の病人が増えているのは、戦後農法の農薬や化学肥料で、土壌が劣化し、土壌が酸性化し土中の微生物が死滅したからだ。

そこでうめよ女史は、『農薬の害から人間を救う』『地球を救う』と、これまで研究してきた漢方の知識と経験を生かして、劣化した土壌の改良剤の研究に取り組んだのである。

勿論、そう簡単に一筋縄でうまくいくとは思っていない。いざ研究をはじめてみると五十歳を過ぎ六十歳を迎えようとしていた。とてつもない巨大な絶壁に、素手で攀じ登るような、非常に困難な作業だ。が、持ち前の情熱と根気で、多くの研究者や学者や漢方医学者などに援けられて、漢方による土壌改良活性剤を開発したのである。さらに十年の歳月を要した。

十八種類の薬湯剤にさらに十三種類の山野草や薬草の相性を組み合わせ、三十一種類の山野草と薬草による土壌改良活性剤である。「長寿元」と命名し、一九八三年（昭和五十八年）に特許が認められた。

「農薬の害から人類を救う。という願いは、自然が私に与えて下さった使命です。私が薬草畑に毛布を持ち込んで、寝起きし、草と会話を交わしながら聞いた草の声は、まさに地の声、天の声だった」

うめよ女史は淡々とそう云った。そして、実はこれから、これからのほうが大変なんです。と、実際に農家の人たちに実験して貰い、その効果を見ないと、絵空事に終わってしまう。まだ喜んでばかりはいられない。と、うめよ女史は謙虚だった。

「長寿元」漢方農法による土壌作りに取り組む

「実験農場」ののぼりを掲げたからには、途中でギブアップは出来ないと、斎藤さんの意気込みは大変なものだった。

奥さんの美代子さんは毎日一緒にハウスで仕事をしながら、

「そんなに力まんでも……。まだ、使いはじめたばかりで、直ぐ結果が出るわけはないでしょ。土作りは三年って云っていたじゃありませんか」

美代子さんが、良人の気持ちを気遣って云うと、

「おめえに長寿元の何が分かる。俺には俺のやり方がある」

黙ってろ！　うるせえんだよお前は！

と、ハウスの中でぎすぎすと口喧嘩になる。たいした喧嘩ではないが、お互い

に不愉快な気持ちになる。斎藤さんが熱心なあまり、ちょっとでも変化があると、俺のやり方がまずかったのか。と、自分を責め、落ち込むのだった。

「実験農場」には、無料で長寿元が使い放題に提供される。そのかわり収穫物を結果として「㈱薬草研究所」に納品する。「㈱薬草研究所」の広いロビーには、従って、実りの季節になると、米や野菜や果物の荷が山積みに運ばれてくる。

従業員はそれらを袋詰めにして、湯治客や近隣の住民に売り捌く。無農薬の長寿元農法で穫れた、食味も絶品の健康食材だから、客は大喜びでよく売れた。

老女史の考えたシステムが理に叶ったものかどうか分からないが、関東一円を中心に「実験農場」を名乗り出た農家は17軒あった。あと長野に3軒、甲府に2軒、九州に1軒、青森に1軒、愛知ではゴルフ場やサッカー場の芝の生育に「長寿元」への関心が高まっていた。千葉には「長寿元」販売の代理店を名乗り出た人もいた。

日本ＧＲＤ代表の川田薫教授は、生物が成長するために必要不可欠なミネラルの研究者だが、作物を育てる土壌もミネラルが必要である。長寿元はさまざまな薬草から、核酸をベースに酵素、ホルモン、ビタミン、アミノ酸類、蛋白質、糖類などを抽出し、これら有機質の大元素にミネラルが加わると、土壌の構造が変わり、微生物の体系が変わり、植物は光合成が活発になる。植物は土壌中の養分を吸収して光合成を行うと同時に、吸収したこれらの成分を、根から土の中に出している。これを根酸といって土の中の固い岩の中に含まれるミネラルを吸収して、自分が成長するのに必要なものを作っているのだそうだ。

長寿元の効果は土壌を活性化させると同時に、薬草の配合による効能で害虫を寄せつけない効果もある。

「㈱薬草研究所」で学んできたことを、斎藤さんは躊躇せず、直ぐ実行した。

生物の成長に必要不可欠なミネラル、長寿元との相乗効果があるというミネラルを調達するためには、てっとり早く畑に井戸を掘るのが先決と、早速井戸を掘って地下一〇〇メートルの井戸から汲み上げるペーハー七の弱アルカリの天然水をふんだんに撒いた。

さらに長寿元を使ってみて凄いところは、薬草の配合の効果で、作物に害を及ぼす害虫が全く寄りつかなくなったことだった。斎藤さんは驚いた。もう何年も前から無農薬、有機栽培をやってきて悩まされてきた害虫との闘いだった。が、長寿元を使いはじめて気がついたことは、もぐらやねずみ、害虫がいなくなった。

斎藤さんは、こんないいものを独り占めするのは申し訳ない。仲間にも使って貰いたいと、有機栽培の仲間に薦めた。

トマト農家の小沢さんが申し出た。斎藤さんと同じ農薬害で苦しんだ経験があるので、興味を示し一緒にやってみたいと熱心だった。

小沢さんは六〇〇坪（二十a）のハウスに一、二時間かけて農薬撒布をしていると、鼻水や涙が出、おまけに完全防備をしているから、汗ぐっしょりになって農薬を撒き終わると、めまいがし貧血状態になって、頭痛が襲ってくる。体がだるくなり食欲がなくなる。こんな思いをして農業はもうやめようと真剣に考えていた矢先だった。

斎藤さんに長寿元を薦められたときは、半信半疑だったが、ダメだったら今度こそ農業をやめる決断も固まるだろうと、決意して長寿元を使う気になったという。

小沢さんは早速土作りから挑戦した。

小沢さんの土作りは雑草対策も兼ねて、一石二鳥の土作りだった。先ず、畑に長寿元をたっぷり撒き、乾いたら耕運する。数日経って草の芽が出てきたら、また長寿元を撒き、乾いたら耕運する。を二、三回繰り返すと、雑草は完全に生えなくなった。今度はその土に落ち葉も入れる。すると一週間から十日で形がなく

なって堆肥化する。

その土壌で作ったトマトは日本一！　と叫びたくなるような見事なものだった。大ぶりなトマトが一本の木に十個以上もついている。

小沢さんが出荷している八百屋さんは、

「これが本当のトマトの味だよ」

と、客に自慢して売っている。その八百屋の人気野菜になったのだ。

「長寿元」での土壌作りに小沢さんは成功し、大喜びだった。

二十a（六〇〇坪）のハウスに十リットルのポリタンクを十四本、五〇〇倍に希釈して

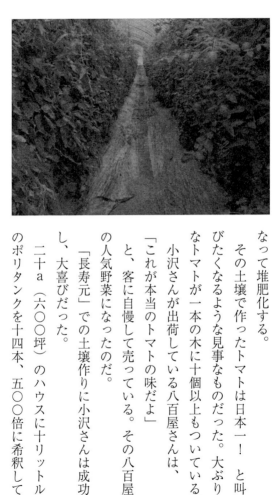

撒き、トマトの苗が成長するにつれ、さらに十リットル、二、三本を二百倍に希釈して葉面撒布を十五日おきに繰り返した。農薬は一度も使わなかった。病気も出なかったし、害虫もつかなかった。

肥料は勿論、長寿元をかけながら作った完熟堆肥だった。十リットル一本八千八百円もするが、土壌がよくなり、微生物が繁殖し、作物の根が地中深く張り、幹や葉の色つやがよい。三年後には土壌がすっかり改良されたとなると、少しくらい値段が高くとも「長寿元」は凄い。あまり信用していなかったが、凄い農業資材の出現だと、小沢さんは興奮して斎藤さんに報告した。

斎藤さんには斎藤さんの使用方法がある。土壌作りはほぼ小沢さんと似たようなものだが、長寿元農法の実験だから、いろいろやってみた。といっても、農家にとっては一作一作に生活がかかっているから、失敗は許されない。真剣勝負だった。

作物は苗のうちに病気が出ると致命的なので、種をまく前に五〇〇倍に希釈した長寿元を畑に撒き、苗にも植える前に直接かけてみた。濃度障害ということもあるので、気は抜けなかった。苗の成長に合わせて、二〇〇倍に希釈した長寿元を二週間おきに葉面撒布すると、幹や葉がしっかりし、色艶が見惚れるほどの見事さだった。トマトハウスには、友人からミツバチの箱を借りて来て，蜂を放して交配を促した。しっかりした実が鈴なりに成った。トマトは品評会で経験ずみだから、失敗することはない。完全に完熟するまで生らしておいてから収穫する。品評会のときより、更によいトマトが出来て、食べてみると、これまで味わったことのない、深い味わいのトマトの旨みが口中にひろがった。美味だった。

吃驚りしたことは、ハウスにモグラやネズミがいなくなったこと。アブラムシもいない。斎藤さんは思わず「万歳！」と、叫けんでしまったという。

「長寿元」なきあとの土作り

前述したように、開発者の阿久沢うめよ女史が交通事故で突然死し、「㈱薬草研究所」を継ぐ者がいなくて閉社した。当然「長寿元」も製造不可になった。五十年もの苦労の泡がこういうかたちで消えてしまった——。私は、うめよ女史の突然死の連絡が入ったとき、うめよ女史も「長寿元」も夢幻だったのかと釈然としない気持で呆然とした。信じられなかった。一流某製薬会社を退職し、薬草の魅力に取り憑かれた元開発部長だった××氏が「これまでの僕の仕事の罪ほろぼし」と云って「㈱薬草研究所」の副社長として就任したばかりだった。しかも若い研究者を助手として二人連れて来た。

これで「長寿元」も理論武装が出来る。

うめよ女史が通産省へ行って「長寿元」の話をすると、「婆さんにはコンコンさんが憑いている」とか、県の農政課へ行っては「いいことは分かるが、理論的な説明が出来ないだろう、認められない」とバカにされて一蹴されてきた。××氏の就任は願ってもない強力な経営陣である。元一流製薬会社の部長だから人脈も多い。その日も、長野の大きな肥料問屋との取引きが成立して、社長のうめよ女史が挨拶に出向く途中だった。関越道の安中辺りのカーブ地点で、副社長の××氏の運転があやまって、大事故を起こしてしまったのである。助手席に乗っていたうめよ女史は即死。副社長の××氏は重傷、後部座席に乗っていた専属の運転手だった△△さんも重傷だった。

うめよ女史の一人娘は、バレリーナで東京に暮らしていた。跡を継ぐ意志はさらさらない。「長寿元」は残念ながら消えてしまったのである。

そこで斎藤さんは、倉庫に積んであった「長寿元」を実験農家で話し合って、分け合い、それがなくなった時点でいさぎよく諦めた。あらかた土壌の快復は満点とまではいかないがほぼ改良された。「長寿元」で一年分の完熟堆肥も作ってある。「長寿元」がなくなった二年目から先を考えればよいのである。

丁度その頃有機農法が盛んになっていたから、有機農法の研究所や肥料会社は新資材の開発を行い、牡蠣殻や貝殻のカルシウムがよいと、肥料会社の営業マンが農家を訪問して新資材をすすめていた。

牡蠣殻、蟹殻に魅せられて トマトの生産に卵殻を使った経験から、カルシウムがいいことは分かっていた。卵殻はその当時まだ量産していなかったので、牡蠣殻を使うことにした。

「これだ」

と斎藤さんはひらめいた。農業人は己の経験から直感が働く。理論よりも直感を優先してきた。理論はあとから従いてくればよい。という斎藤さんの哲学である。牡蠣殻や蟹殻、貝殻を迷わず肥料として使うことにした。
牡蠣殻は有機石灰で消石灰といい、原料（炭）には石灰資材にはない銅や鉄を微量に含んでいる特徴がある。使ってみて収穫したヤサイの味も変わらなかったし、量産も出来た。牡蠣殻や貝殻などは、「長寿元」と違って、社会的に認知された肥料会社の製品だから、不安なく使える。

抜き差しならない糠殿　どん欲な斎藤さんは、ここで満足ということはなかった。糠がいいことも知っている。糠は土壌の微生物を活性化する。大方の農家がボカシ肥料として使っている。斎藤さんは堆肥に混ぜて使う。その量を増やすことにした。糠は穀物を精白するときに出来る穀物の果皮や胚芽である。一般的な成分は、無機質、ビタミン類、アミノ酸や脂肪酸、炭水化物、有機酸などである。
家庭では糠漬けの糠床として好評だが、肥料として使う場合、窒素とリン酸がバランスよく含有されているので好評だ。

ヤサイにはビタミンEやミネラル、植物繊維、ポリフェノールが多量に含まれている。ヤサイは栄養がないなどと一般の人は思っているだろうが、とんでもない認識と、斎藤さんは云う。

糠の調達は、あっちこっちに置かれているスタンドの精米機の持主と契約して必要なだけ調達できる。ぼかし肥料を作って成功している仲間の農家も見ているが、斎藤さんは堆肥作りに利用している。

卵殻は農業を救うか　ほぼ三十年におよぶという卵殻を使ってきた斎藤さんが、今一番惚れ込んでいるのは、卵の殻だった。卵の殻を早くから扱っていた地元の肥料卸「㈱小野宗商産」の社長の吉野氏と懇意になり、卵の殻を水液肥料「オーバルL」を開発した「ザカラ㈱」の永井社長や東大客員教授の加藤正夫博士（農学博士）と実践者として斎藤さんがかかわり、卵殻のパワーの効能をさらに研究しつづけている。

斎藤さんのハウスでは五月に植えたトマトが、盛夏なのに青々と元気な葉を繁らせていた。茎もしっかりと頑丈でバテる様子はない。ハウスは十a。毎日よいトマトが大量に収穫され、毎晩手伝い《アルバイト》の女達を使って出荷の荷づくりをしている。出荷先は「イトーヨーカ堂」と契約生産している。トマトが元気なのは、カルシウムのお陰、「卵殻」のお陰だと斎藤さんは笑顔だ。

卵殻が大量に産業廃棄物として出るのは、茨城県にキユーピーマヨネーズの工場があるからで、「キユーピーマヨネーズ工場様様だ」何んとかカルシウム肥料ができないかと「ざから㈱」が研究を重ねた結果、高温殺菌し、粉末にして有機資材として開発されたのだ。松田さんが云うように農業資材はどこにでもあるという証明だ。最初にテストしたのが田圃に元肥《もとごえ》として反当り十袋（当時呼んでいた商品名、石灰・乾燥卵殻粉20kg）を入れた。収穫してびっくりしたのは、米粒がしっかりしていてクズ米がない。食味に甘味があって美味しい。検査官もびっくりして、「見本に欲しい」と云った。

　東大客員教授の加藤正夫博士は数年前から皇居の水田のサポートを委嘱されているが、加藤教授はその水田で卵殻を使って、大変好評だそうである。

　斎藤さんは、トマトやキュウリの他、勿論名物のスイカやメロン、他のヤサイすべてに卵殻入りの堆肥を入れ、既に堆肥化した土壌で栽培しているが、どれもこれもそれぞれのヤサイの持つ美味な旨味が見事である。特にスイカの新品種「黄美呼」と斎藤さんが命名した西瓜は枕のような横長の形状で西瓜の皮も果肉も鮮やかな黄色い西瓜である。その他従来の紅い西瓜や黒い皮の西瓜などが、完熟した実がサクサクと爽やかで、西瓜独特の甘味と風味が口中に広がって美味しい。昨年、皇室の御用達になり、愛子様に大変喜ばれているという。

　斎藤さんは、卵殻を土壌づくりのベースとして、田圃とハウス合わせて一町五反歩に年間五〇〇袋《タイ》（一袋10ｔ）を堆肥に混ぜて使っている。

七十年も前に農を指導した松田喜一さんのおしえ、農魂を持った「心眼百姓」になれ！　と云う言葉を信じて、土壌の堆肥化を追求してきた斎藤さん。ついに土壌の堆肥化に到達したのである。現代の農聖と呼んでも誰も文句の云うはずはあるまい。農魂を耕やした農業人だ。と、私は賞賛を送りたい。

土壌作りがいかに大切な農の基本であるか、海外の例を参考までに記す。

ドイツの有機農業技術や体系化、農家の組織化を研究しているエアハルト・ヘニッヒ博士の著書『生きている土壌―腐植と熟土の生成と働き』（中村英司訳・日本有機農業研究会発行）が出版されている。

一九九四年に出版されたこの著書の原題は『豊かな土壌の秘密』である。ヘニッヒがすすめる土づくりは、有機物マルチ方式で土ごと発酵させる方式である。松田喜一さんの推奨する土壌の堆肥化と同じようなものではないか。

ヘニッヒは有機物で、地表をマルチすることは、熟土形成を最適な状態にする

という。熟土には「細胞熟土」と「プラズム熟土」があり、「細胞熟土」は表層数cmの層で、未分解有機物をエサに土壌動物や微生物が活発に活動している土壌で、「プラズム熟土」は有機物が分解してできた腐植物質と粘土が結合した腐植粘土複合体を形成する、団粒構造が発達した土壌だそうである。(現代農業二〇一三年十月号要旨)

ヘニッヒ氏の「生きている土壌」と松田喜一さんの「土壌の堆肥化」は、農業の根幹である土作りの方法論こそ異なるが、心眼農法の典型であり、農耕の諸問題の多くを解決す

る鍵《キー》になるであろう。現代農業が農民の意識改革を起して、新しい農業形態の変貌を生み出したとしても、農業が土という自然環境なくして成り立たないことはあきらかであり、それに携わる農民の農魂、つまり専ら土のことを考える心眼百姓こそ最後に光を放つことは間違いないだろう。

第4章

野菜の新接ぎ木法の名人（発明）

野菜の新接ぎ木法を考案

野菜の苗が接ぎ木によって育苗されているなど、消費者の大半は全く知らないことだろう。正直私も知らなかった。家庭菜園をやっている人は知っているかもしれないが、大方は知らないと思う。

「農家のマーケット」という農業資材を扱っているスーパーがあるのも知らなかった。那須に住みはじめて、猫の額ほどの菜園をはじめた。私は近隣の農家の人たちに教えて貰って、夏野菜のキュウリやナス、トマトを作るようになり、「農家のマーケット」へ苗を買いに行った。そこで接ぎ木苗がいいとおしえられた。実生の苗よりちょっと高いが、丈夫でしっかりしている。

「農家のマーケット」が珍しくて、ぐるぐる廻ってみて、農業に関するものが何でも売っている。地方都市の百貨店だなと思った。

那須といっても私が住んでいる地域は、那須連山の麓の広大な裾野の町である。明治のはじめ華族開墾といって、日本最大の原野といわれた四万Haの那須扇状地の開墾が行われた。最初に疎水が掘削され、水問題が解決して開かれた地域である。市制は名乗っているが、農村地帯である。鎌倉幕府の鷹狩の山野だった不毛の那須扇状地が、明治の開墾によって、日本の三大疎水の一つ那須疎水が掘削されたことは、水と人間の関係がいかに必要不可欠なものであるか、この地方が物語っている。開拓後、瞬く間に人口が増え、農業都市として栄えた。「農家のマーケット」が目立つのも不思議はない。

さて、接ぎ木の本題に入ろう。「農家のマーケット」に吃驚していると、一緒に案内してくれた農家の小父さんが、

「接ぎ木をした苗は、病気に強く、よい実がなる。高いけどこっちにしな」

と教えてくれたのだ。

さて、斎藤さんが考案した「心長接ぎ」とはどういうものか。従来の接ぎ木の常識を破り、独自の「野菜の新接ぎ木法」として考案したのである。参考書まで出版し、今では多くの農家が斎藤式「心長接ぎ」を取り入れている。

つまり従来の接ぎ木のやり方が異なるので、育苗法も、畑に定植してからの栽培法も、従来と異なる。整枝したツルが利用でき、苗つくりがらくになった得点がある。また育苗期間が短縮し、定植後の育成が目を見張るほどよくなったのである。また、果実が立派で、品質がアップしたことが、従来と比較にならないほど効率的だった。

新接ぎ木法「心長接ぎ」考案の悪戦苦闘

昭和四十八年、斎藤さんはまだ三十歳代の前半だった。

妻の美代子さんと二人でスイカの整枝作業をしていたとき、二株つづいて根切り虫に食害され枯れていたのを発見した。家に残っている苗を捕植すればいいかくらいに思っていたが、家に帰ってみると一株も残っていない。妻の美代子さんが、

「あんた数日前、近所の××さんにやってしまったんじゃないの……」

と云った。ああ、そうだったかと思い出した。仕方がないと諦めざるを得なかった。

が、翌日、畑へ行ってみると、切り捨てたスイカのツルが、昨夜降った雨で水分をたっぷり吸い、生気を取り戻しピンピンしていた。それでそのツルを拾い、元気な苗の隣に植えてみた。

「元気に成長してくれよ」

祈るような気持だった。しかしツルは日差しが強くなると、見る間に萎れてしまった。優しい心の持ち主の斎藤さんは、その萎れた四本のツルを、何とか助けてやりたいと、他の仕事が手に着かない。こんなに萎れてしまったんだから、と思いながら諦めきれず、拘っていた。

「食害でダメになったんだもの、無理ですよ」

と、夕食の膳を囲みながら家族みんなに笑われた。が、斎藤さんは諦めなかった。

ふと、このツルに根を接いでやれば、生きられるかもしれないと思った。

それにはどうしたらよいか――。ここで、斎藤さんの悪戦苦闘がはじまったのである。

心長接ぎのはじまりである。

「木質化した穂木は接ぎ木しても活着しない」と云われている。

「骨折り損のくたびれもうけだ――」

と、父親や妻が茶化す。が、斎藤さんは接げないわけはないと、斎藤さんの持ち前の、一旦云いだしたらあとに引かない性格が、どんどん斎藤さんを突き動かす。作業小屋に閉じ籠って、食事も碌にとらず、熱中していた。残っていたカボチャの台木に木質化した太いスイカのツルを接ぐ実験を繰り返した。

これまでは細い穂木しか接いだことがなかったので、タバコの太さになっていた穂木は、竹べらを作り変えて挑戦した。が、うまくいかない。台木が割れたり、穂木の切り口を台木の胚軸へ差し込んでもダメだった。切り口が大きく露出してしまうのだ。何度も繰り返したが、台木が割れ、切り口が露出してしまう。接いだ穂木をクリップで止めてもすぐ抜けてしまう。

「無理よ。ほらまた、もう諦めなさい」

作業小屋に見に来た妻の美代子さんが、笑って云う。

「斎藤さんのお父さんは気違いになったって、みんなが云ってるよ」

子供たちまで、夕食を囲んでいるとき口を揃えていう。

「お前らが、人に云うからだろう」

「子供が可愛そうよ。友達から揶揄《からか》われるんだって」

「お前が余計なことを、面白半分に隣近所に話すからだ。だからみんなが覗きに来るんだ」

斎藤さんは近隣の仲間に何を云われようと、笑われようが、そんなことでへこたれる人物ではない。こうなったら意地でも成功させないと気持ちが収まらない。が、子供たちからまで気違い呼ばわりされると、さすがに内心では諦めかけていた。

これで最後だ。これでダメなら潔く諦める。と、自分に言い聞かせて、最後の挑戦に挑んだ。

それは台木の子葉で穂木をしっかりはさみ込む。すると穂木が脱落しなくなった。クリップの柄を上向きにはさむと、台木へさした穂木が安定し密着した。

「どうやら、うまくいったようだ！」

斎藤さんは成功したと、確信した。

そして夕方までに数百本接いだ。手元が暗くなったのも忘れて、接いだ台木を鉢へさした。

活着したらこれは凄いことだと思いながら、今度は、毎朝、活着を見に行った。台木が根を断たれていたので、発根すればしめたものだ。
五、六日経ったころ、成長の動きが見えたので、根を調べたら発根していた。台木が発根すれば百パーセント活着する。そして五、六葉つけたツルの穂木が成長しはじめている。
そのとき斎藤さんは興奮して、天にも昇る気持ちだったと話す。

斎藤さんが考案した野菜の心長接ぎは、野菜農家のみんなから褒め称えられ、現在、利用されている。はじめての心長接ぎで出来たスイカを食べたときは、感激で泪が溢れ、これまでにないスイカの味が泪の味になったと、笑う。

芸術的野菜盆栽の接ぎ木を愉しむ

心長接ぎを考案した斎藤さんは、接ぎ木が愉しくなり、いろいろな野菜を組み合わせて接いでみると、面白いように次々に野菜の芸術品と呼びたいような作品が出来た。「野菜芸術だ」と云って鉢に植え、軒先に並べて展示しておくと、みながら見に来た。同じ属性の組み合わせだから、たとえば茄子科のヤサイならトマトでもピーマンでも茄子の木に接ぐことが出来る。茄子の木に茄子といっしょに赤いトマトや青いピーマンがなっていたらみなが目を見張るのは当然である。心長接ぎが出来れば誰でも簡単に出来る。

スペースサツマに朝顔が咲いた　見ても食べても楽しい野菜を……と、斎藤さん

スペースサツマに朝顔が咲いた。

が得意の接ぎ木で最初にはじめたのがスペース・サツマ。白サツマの茎に紅サツマの根を接いだ。さらに紅サツマの茎に紫サツマを接ぎ、ついでにアサガオの茎を接いだ。前年の秋から半年経って、見事に育ち、土中ではなく空中にそれぞれのサツマ芋が実り、おまけに朝顔の花も見事に咲いた。鉢は勿論プランタンである。地中になるサツマが空中に浮かんでいるのでスペース・サツマと名付けた木札が立っていた。斎藤家を訪れる近所の人たちの話題になった。これまでにも斎藤さんは植物の様々な可能性を探求するのが好きだか

大根と蕪の宝船

ら、キャベツやチンゲンサイ、大根や蕪などの割り接ぎや実接ぎをいろいろ試してきたから、空中で実ったサツマが、どんな味がするのか、食味に興味があると、「見ても食べても美味しい野菜作り」に挑戦し、得意になっていた。

大根と蕪の「宝船」 収穫した大根一本に蕪を四並びのときは二十個。五並びなら二十五個と一重ね五個を重ねる。大根と蕪は泥がついているから、傷をつけないよう軍手をはめてやさしく洗う。上下を切った蕪にエタノールで消毒する。船になる大根に蕪をのせる部

ダイコンとカブラで、"宝船《たからぶね》"をつくる

用意《ようい》するもの

軍手《ぐんて》　ナイフ　太《ふと》いセロハンテープ　消毒用《しょうどくよう》エタノール　ダイコン　カブ

＊ダイコンとカブは軍手《ぐんて》を使《つか》って流水《りゅうすい》でやさしく洗《あら》い、乾《かわ》かす。タワシだと傷《きず》ついて病気《びょうき》が入《はい》るので注意《ちゅうい》

①

エタノールで消毒《しょうどく》した包丁《ほうちょう》を使《つか》い、船《ふね》になるダイコンにカブをのせるため、縦《たて》と斜《なな》め横《よこ》から切《き》る

②

切《き》り口《くち》もエタノールで消毒《しょうどく》する
＊濡《ぬ》れティッシュはビニール袋《ぶくろ》に入《い》れて乾《かわ》かさなければ、何度《なんど》も使《つか》える

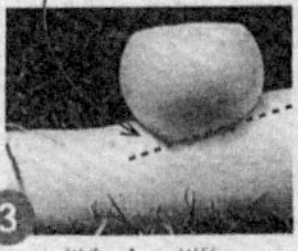
下側《したがわ》はダイコンの切《き》り口《くち》と合《あ》うように角度《かくど》をつけて切《き》る

③

カブも上下《じょうげ》を切《き》って消毒《しょうどく》し、ダイコンの切《き》り口《くち》の上《うえ》におく
＊カブの上下《じょうげ》を間違《まちが》わないように注意《ちゅうい》

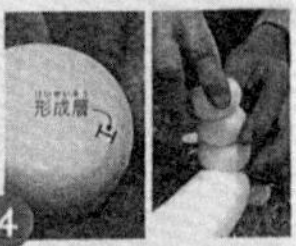

④

カブを上《うえ》に重《かさ》ねていく。接《つ》ぎ木《き》と同《おな》じで、形成層《けいせいそう》と形成層《けいせいそう》が1カ所《しょ》でも合《あ》えばくっつく

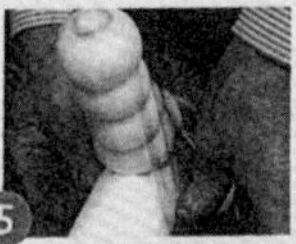

⑤

いちばん上《うえ》のカブは茎《くき》を残《のこ》しておき、全体《ぜんたい》をテープで軽《かる》く仮《かり》どめしたあと、2回目《かいめ》のテープでかなりきつく本《ほん》どめする
＊最初《さいしょ》は1段《だん》か2段《だん》でやってみよう

⑥

①〜⑤を繰《く》り返《かえ》して宝船《たからぶね》ができたら、ダイコンの先端《せんたん》を土《つち》につきさすようにしてプランターに埋《う》める。1週間後《しゅうかんご》にテープをとって完成《かんせい》

サツマ芋の衝立

分をそぎ切りし、エタノールで消毒して、蕪を五段重ねてのせる。五段目の蕪の茎は残しておく。大根の先端を土にさすように埋める。容器はプランタンがいい。全体をテープで軽くとめ、一週間後にテープは取る。大根の先から吸われた栄養分が蕪にもゆきわたって蕪の茎が伸び、黄色い花が咲く。大根のヤサイ芸術は無限にあり、やまたのおろちなども出来る。

カボチャの蔓に鈴なりのサツマ芋の衝立　畑に這っているカボチャの蔓を丁寧に起こして、サツマ芋の苗木を心長接ぎし、サツマ芋の蔓

見ているとつい吹き出してしまうパンダカボチャ。笹を植えているあたりは見事な発想だ。ぜひ量産してもらいたいものだ。

が伸び、実が付きはじめたら、細木を組んだ格子の手をやる。サツマ芋が空中に鈴なりになった光景は、まるで江戸時代の大名の玄関にある衝立てに描かれた絵のようだ。サツマ芋は地中に実る作物だが、カボチャの蔓の中に、赤い本物のサツマ芋がぶらさがってなっている情景が、衝立は狩野派が描いた絵を彷彿とさせるので、斎藤さんの野菜芸術の中でもとくに圧巻である。

カボチャのパンダ　型のよいカボチャを選び、パンダの眼の位置を決めて、そぎ切りにし、そこへ黒皮のカボチャの皮と果肉を眼の大き

カブラ観音

さに揃えて接ぐ。テープで押さえて一週間後くらいにテープを取る。パンダの顔だけだが、接ぎ木する眼の位置を間違いなければ、充分に野菜芸術のパンダの顔が出来る。

カボチャ畑にスイカがごろごろ　斎藤さんはとくにスイカ作りの名人だから、スイカの接ぎ木もいろいろ試み、スイカの実接ぎもおもしろいとご満悦だ。ある日私が訪ねたとき、スイカ畑に行っていると美代子さんがいうので、勝手知った私はスイカ畑を目指した。が、私の姿をみつけたのだろう。

「カボチャ畑にスイカがなっちゃったよ」

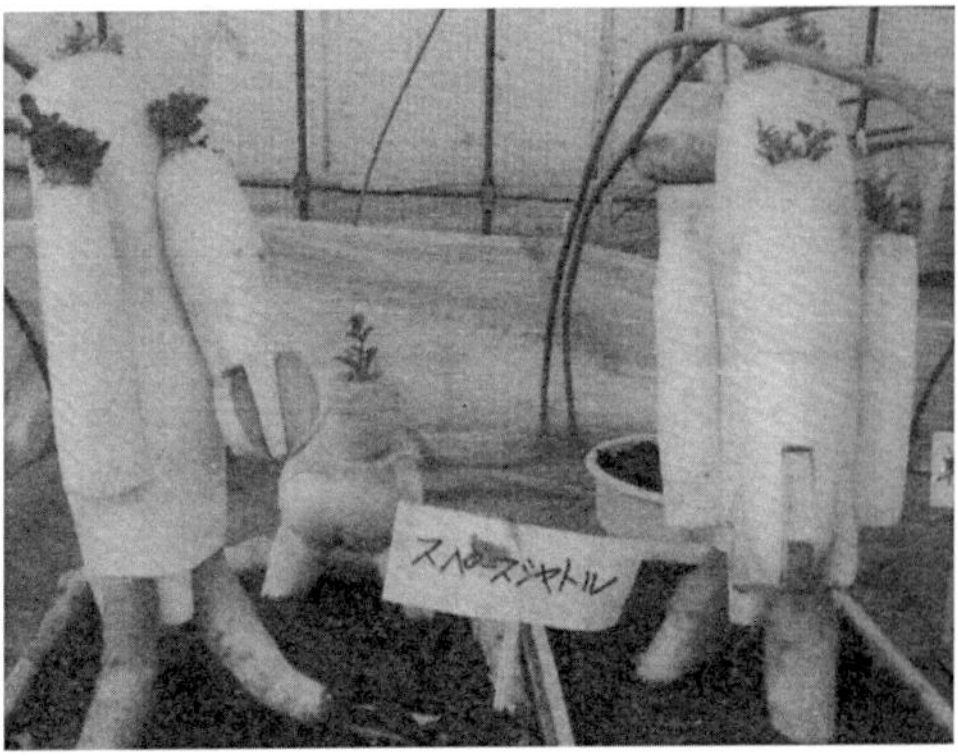

スペースシャトル

とカボチャ畑から斎藤さんの声がする。行ってみると、吃驚《びっく》り。カボチャ畑にカボチャとスイカがごろごろしている。それも大玉スイカは勿論、黒い皮の「あんみつ姫」というカボチャのようなスイカもある。マクワウリ型の黄色いスイカも目についた。緑色のカボチャの葉とスイカの茎葉の中に、色とりどりのカボチャとスイカがなっている。芸術品のような畠だとしか表現しようがない。摘果した小さな実を二ケづつ、カボチャの蔓に実接ぎした。揃って実り、カボチャ畑だかスイカ畑だか分からなくなっちゃったと笑う。

東京オリンピックを盛り上げようと作られた五輪の花
（大根と葉ボタン）

土壌は堆肥化されて、団粒構造の肥沃な土だし、とくに斎藤さんは、惚れ込んでいる卵殻カルシウムをふんだんに使い、旨みを乗せているから食べて美味しい。テーブルの上ばかりでなく、畑で人々の目を楽しませてくれる農業人など他にそうざらにはいないだろう。

芸術的野菜盆栽の数々

・恐竜
・スペースシャトル
・やまたのおろち
・宇宙人

スイカの実接ぎで育ったスイカ

・雪だるま
・古代の土偶
・かえる
・ピラミッド
・お供餅
・軍艦大和
・カブラ観音
・軍艦武蔵
・紅白鏡大根
・東京スカイツリー
・七福神
・五輪の花（大根と葉ボタン）

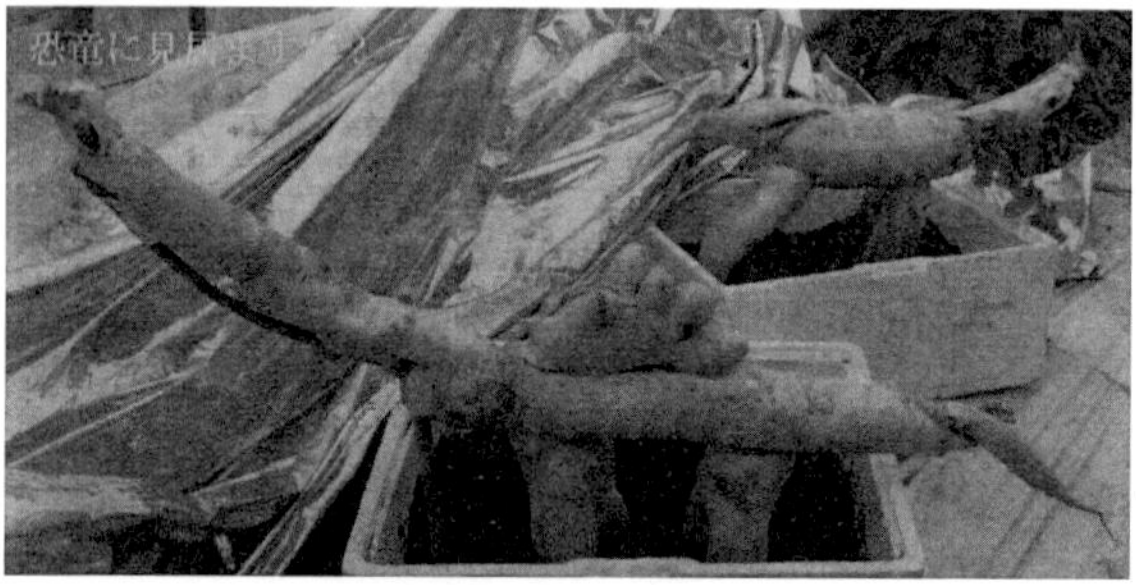

恐竜ヤマトのおろち

戦艦大和（上)、ピラミット（下)

接ぎ木盆栽の作業ハウス

カエル（上）、雪ダルマ（下）

3・11東日本災害地へのお見舞品として

かつてない災害だった。太平洋岸は青森から千葉海岸まで津波による災害を被った。斎藤さんが住む茨城県の筑西市も地震の影響を受けた。津波こそ免れたが地震でハウスはすべて被害を受けた。ハウスの柱は折れ、屋根はめくれ、まわりを覆っているシートははがされて、ハウスはめちゃめちゃに壊れた。ハウスの中の作物も建物の破片でぐちゃぐちゃになった。収穫間際のヤサイはすべてダメになり、商品価値がなくなった。思いがけない損失である。が、東北のように、津波で家や田畑、家族まで失ったわけではない。不幸中の幸いと云わねばならない。

と、斎藤さんは言葉少なに云った。

「命があれば、またゼロからやり直せる」

折れた心を奮い立たせ、そう思って妻の美代子さんと二人、親戚や手伝いの善意の人々に助けられて、元通りに何とか一年かけて復旧した。

心優しい斎藤さんは、自分が元の生活に戻ると、深い痛手を被った東北の人々が気になって仕方がない。テレビなどでその被害の甚大さを知るたび、悲嘆にくれる人々を思うと、心が痛んだ。俺に何か出来ることはないか――。

各地からボランテアの人たちが大勢応援に訪れている。俺も何かの役に立ちたいと、考えた末、ヤサイの接ぎ木によるヤサイ芸術品を贈ることを考えた。考えると直ぐ行動に移す。建て直したハウスで頭に浮かぶ野菜の属性の組み合わせを、あれこれ考え、取り組んだ。

ハウス栽培だから、季節に関係なく幾種類ものヤサイ芸術品が出来る。が、日常の仕事の合い間に作るので、時間が足りない。早く持って行ってやりたいというはやる気持ちと、作物だから一朝一夕には出来ないもどかしさに、苛々することもあった。

数か月後の収穫時期が待ち遠しい。毎日ハウスを覗きにいった。ハウスの温度調節や水やり、虫がついていないか、心配りは日常のヤサイ作りより大変だった。

完成した野菜の芸術品を鉢に植え替える作業がある。いつも手伝って貰うアルバイトの近所の奥さんたちに、日当を払って手伝って貰った。最初はボランティアで行く人たちに頼んでいた。が、そのうち自分で二屯トラックに積んで東北に向かった。

はじめてのときは距離的に近い福島県の浪江町やその近辺に行っていたが、段々足を延ばし宮城県石巻市の大川小学校の子供たちの鎮魂と子供たちが二度と津波をかぶらないようにと紅白の蕪で観音菩薩像を作って「カブラ観音」と名づけ、訪れた。

また、カブラ観音の他に、大根と紅白カブを合体し、アブラ菜や紫大根の芽を接いで、花が咲くのを楽しめるように、「幸福カブラ」を八十個作って届けたりした。

小学校の他にも、病院や老人施設、障害者施設、仮設住宅にまわって配った。老人たちや子供たちばかりでなく、明日を生きる気力を失っている人々が、一瞬、輝くような笑顔になって拍手をして喜んでくれた。斎藤さんは泪がこぼれそうになりながら、みなと握手をし、励ました。

一度きりでは意味がない。と、季節の花々も接いで、接ぎ木のヤサイの組み合わせをさらに工夫し、三、四回通った。行くときには芸術的野菜盆栽ばかりでなく、その季節に収穫したジャガイモや大根やニンジンなど、収穫した手元にある野菜を持って行った。

「斎藤さんのヤサイは美味しい」

と主婦たちに喜ばれた。子供たちは、

「魔法使いのお爺いさんだ。どうしたらカボチャパンダが出来るのか！」

「真っ黒い皮のスイカなんてはじめて見た。カボチャ畠になったなんて、ほんとかよ？」

と子供たちは興奮し、カボチャ畠の蔓になったスイカの黒い皮を指でつついて騒ぐ。斎藤さんはそんな子供のはしゃいだ笑顔が、荒廃した荒野に瞬間でも巻き起こる光景を見詰め、野菜芸術を持って来てよかったと、不思議な興奮を覚えたという。

帰る日にはすっかり打ち解けて仲良しになり、別れが辛かったともいう。

この斎藤さんの芸術的野菜盆栽は、地元の老人施設や病院の見舞いにも提供しているそうで、私も何点か頂いた。ヤサイという性質上、何日も持たないのが玉に疵、数日のヤサイ芸術品で残念だが、東北の人々に夢と希望をもって貰い、喜んで貰えたことが、斎藤さんの喜びにもなった。

仁《じん》者《しゃ》は憂えず、知者は迷わず、勇者は懼《おそ》れず

エピローグ

仁者には、私利・私欲の心がないからどんなことが起っても心配することはない。また知者はものごとの道理に明るく、是非・善悪の判断が的確であるから惑うことはない。さらに勇者は義によって事を決行するから何ら恐れることを知らないという「論語」にある孔子の言葉である。

若い頃、中國へ農業指導に召聘された斎藤さんはすっかり中國が好きになって、論語をだいぶ繙《ひも》といたそうである。日本に帰って、一家を背負って、農業に全力投球しているうちに年月が経ち、大方は忘れたが、論語から学んだ精神性は息づいている。斎藤さんの人間性をかたち作ったバックグラウンドになっていることは確かである。

とくに好きな言葉が、仁者は憂えず……だった。直ぐ一つだけ頭に浮かんでくる。知者は……何だっけな？　忘れたな。俺も年をとったもんだみんな忘れた。と笑う。

そこで私は「世界の故事、名言辞典」を繙いてみた。成る程いい言葉である。中国に斎藤さんの農業技術を持って行って、中国からお土産に貰って来た「論語」の言葉だ。

「技術を提供しただけじゃなかったんだ。いいお土産貰ったじゃない。最高の交流だったネ」

と、私が云うと、

「俺もそう思うけど、負け惜しみ云う仲間はね、おめえ二年も畠留守にして、荒れちゃったんべ」

って云う人もいるんだ。仁者は憂えず、知者は……だよね。当時はまだ、中国土産の故事、名言をいっぱい覚えていたから、鼻歌のように、唱えて笑っていたけど、

「俺にとっては貴重ないい経験だった。感謝だよ」

と、明るく云う斎藤さんだった。

その斎藤さんも七十七歳になった。

七十七歳の喜寿の祝をして、まだまだ俺は百姓をやると云っていた斎藤さんから電話をいただいた。

「ガンを宣告されちゃった。咽頭ガンだって――」

耳を疑うような言葉だった。

三月に入って、摘出手術をするとのことだった。

昨年秋頃から、何となく体調を崩して、医者に行ったりしていたが、ふくらはぎの静脈瘤が見つかったことと、疲労気味程度でどこも悪くないと云われていた。がどうしても気になるので、自治医大で精密検査を受けた結果、咽頭ガンが発見されたという。××出版社の青木社長が四年前に咽頭ガン（ステージ二）をやって、仕事をしながら抗ガン剤と放射線治療で完治したということを私は聞いていたので、青木社長の言葉を伝えた。

「咽頭ガンでは死なないそうだから、心配しないでお医者さんにお任せすればいい。そう伝えてあげなさいって」

そう伝えると、

「俺のもステージ二とか云っていた。そう簡単に死ぬことはないか。そうか、それなら安心だ。ガンなんかに敗けちゃいられないよ。有難う」

と、元気な答えが返って来た。

本当ならもう七十七歳にもなったのだから、後継者に跡をゆずって、ご隠居の身分である。

斎藤さんの父親は、七十二歳で亡くなったのだが、既に長男の斎藤行正さんが、後継者として父親の跡を継ぎ一人立ちしていた。

斎藤さんと美代子さんには子供が四人いた。男の子三人、女の子が一人の四人である。子供たちは、みなそれぞれ東京や他県に就職してしまって、後継者がまだ決まっていなかった。三男だけが地元の企業に就職したので、結婚してからは、屋敷内の別棟の二階に所帯を持っていた。

その三男が、繁忙期には手伝うので、後継者になってくれれば嬉しいと望んでいるが、斎藤さんは決してお前が跡をついでくれとは、云わなかった。

「俺は農業が好きだったから、自分で飛び込んでやって来られたが、現代の若者は認識が違う。時代が変ったのだ。無理強いは出来ない」

と、次世代の若者の気持を尊重してきた。

何事も好きにならなければ、気持ちが燃えない。俺は農業が好きだったから、生涯を農一筋に突き進んできた。自分が好きな道に邁進すれば、自ずとあれも、これもやってみたいと、欲望や野心が湧く。だから先人の残した著書も読み、研究熱心にもなる。

農業技術や知識が豊富になり、何よりも、実践しているのだから、他から求められれば喜んで伝授も出来る。

かつて戦後の荒廃期、日本の農業を救った四国の松田喜一さんを思い出すような、斎藤さんは茨城の現代の農聖と呼びたいような人物である。世のため人のために惜しみなく己の技術を人々に提供してきた人物でもあったのだ。

斎藤さんは、己の経済性だけを追求した人物ではなく、自ら学んだ農業技術や農魂を広く社会のために提供してきたのである。その一端を記す。

中国へ農業技術指導に赴く

一九八五年のことだ。

中国農学部（日本の農林水産省と同じ）から、「三菱化学ＭＫＶ㈱」社長の近

北京の農業施設園芸会場

藤恒雄氏に「国際農業合作賞」が贈られた。中国の施設園芸技術と設備導入に貢献したことによる大賞だった。

この賞は中国の農業発展に貢献した外国の専門家に贈られる名誉ある賞だった。斎藤さんは、独自の新接ぎ木法を開発し、その開発した心長二段接ぎによる、特にスイカ栽培の名人という特技があり、当時では先端農業技術だった。従って有能な農業人として三菱から実際の農業技術指導者として選抜されたのである。二年間の予定だった。

北京、上海、潘陽、大連の四カ所に、施設

上海の農業施設園芸会場

園芸試験場を設置して、果采類をはじめ野菜の栽培試験をするのが目的だった。ついでに農業技術者の育成も兼ねていた。施設園芸ばかりでなく、露地栽培も指導した。

「三菱化学ＭＫＶ㈱」は、施設園芸については日本のナンバーワンであり、「みかど化工㈱」の社長から協力依頼の要請を受け、協力することになったのである。既に中国では、「みかど化工㈱」の指導でマルチ栽培が全土にほぼ普及し、定着していた。

「三菱化学ＭＫＶ㈱」は、施設園芸に必要なビニールハウスや被覆資材、換気や灌水装

瀋陽の農業施設園芸会場

置など諸資材を準備し、ハウス栽培に経験豊かな技術者として斎藤さんが派遣されたのである。「みかど加工㈱」からも技師が一人派遣された。

家族を茨城の家に残し、単身赴任だった。中国の農家も、今までやってきたやり方がある。日本の技術といっても、なかなか意見がかみ合わず、言葉の壁もあって、最初の頃は、さすがの斎藤さんも苦労した。スイカの接ぎ木が得意な斎藤さんはスイカを中心に接ぎ木種苗の作り方を指導したが、無菌苗の元気のよいほれぼれするような苗が出来、定植

大連の農業施設園芸会場

して二ヶ月も経つと、着果し、見事なスイカを収穫した。すると、今度は斎藤さんへの絶大な信頼が生れた。開放的で、人に親切な性格だからみなに好かれた。人柄の魅力に惹かれたのだ。農業が中日友好のかけ橋になると云われて、あっという間に人気が上昇した。

　中日合作のプロジェクトとなった北京、上海、潘陽、大連の四ツの施設園芸の試験場へは、国内の人々の関心も高く、中国全土から見学者が訪れ、三万人を超えるほどの人気だった。そしてそこで確立された技術が全土にどんどん広がっていった。

潘陽で接ぎ木指導

中国農学部や試験場のあった四ツの都市の農業局などが、施設栽培のパンフレットやテキスト、あるいは書籍まで刊行したので、多くの人に読まれ、中国全土に日本の斎藤さんの技術が広まっていったのだ。

明るい人馴っこい斎藤さんのことだから、人に接する接し方も好感が持たれ、何よりも農業に対する熱意が人と違い、指導もうまい。

その後、中国の施設運営の躍進はめざましいものがあり、世界第一位といわれるまでになった。一九九一年頃で六万haを越えたといわれるから、今は七万haに達しているのでは

接ぎ木指導

ないかという。
斎藤さんは、指導員を約束どおり二年で切り上げて帰国した。「わが家の農業」をギセイにすることは出来ない。妻美代子さんと、近隣の労力提供の善意の友人たちのお蔭で何んとか守ってこられたが、二年の空白は、田畑にとっては大きなダメージである。が、斎藤さんは、「農業を通して日中のかけ橋として日中友好に寄与したことに大きな誇りを持っている。
二年くらいのブランクはすぐ取り戻せる。よい体験だった。

収穫したスイカを持つ朱二祚氏(左) と李泰浩氏(右)

夜は、論語を学んだし、昔の中国の李白や蘇東坡の漢詩も学んだ。

中国で親しくなった農家の息子さんの父親が文学青年時代に学んだらしく、論語や漢詩は中国の宝ものだと云って、その家に招かれて、酒を酌み交わしながら話してくれた。それがきっかけで、夜はその父親の家に行っては、教えて貰った。

地域の家庭菜園の講師として

私が訪ねたのは、七月の最後の土曜日、目も眩むような日盛りだった。

定年後の小父さん四、五人と、五、六十代のご婦人五、六人が、マスクや手拭で顔を隠し、麦藁帽子を目深にかぶって、畑の中を動き回っていた。近づいてみると小玉スイカの棚に黒いビニールの日覆いをかけているのだった。棚は人間の背丈を越えるくらいだが、作業がしにくそうに苦慮している。棚の中は、かなりよく見ないと見難いが、肉厚の大きな葉っぱが青々と茂って、その中に、大きくなった小玉スイカが多くさんなっていた。

小父さんやご婦人たちは何か云いながら、マルチという畑に敷く黒い日覆いを引っ張ったり、

「おお、ダメダメそんなに引っ張ったら……」

などと云いながら、真剣に作業をしていた。

斎藤さんも麦藁帽子を被り、長靴を履いて、「先生！」

と甲高く呼ばれる声に呼応しながら、ああ、そこはそうじゃない、やり直し。などと云いながらせわしく動いている。

このスイカは生徒たちが実習で作ったものだ。今年の家庭菜園講座も六月からはじまって、毎週土曜日、朝九時から夕方四時まで、カンカン照りのなかでの実習だった。

勿論、有機栽培。土作りから堆肥作り、スイカの苗も心長二段接ぎ。化学肥料や農薬は使わない。みんな熱心で楽しいよ。斎藤さんは私が行くと説明した。

六月の第一回の講座から、取材がてら私も参加する予定でいたが、那須の我が家から筑西市まで、車で二時間、八十半ばの私にはとても無理だった。

昼休みがやって来ると、みな畑の土手の木陰で、持参のお弁当を食べる。食後は、車に積んだ冷蔵庫で冷やした、スイカ。これは斎藤さんからの差し入れで露地ものの大玉縞模

様のスイカだった。みなでがやがや云いながら分け合って食べる。さすがに斎藤さんの作品だから美味しかった。

食休みは土手に寝転ぶ人もいたが、趣味で楽器をやっている人は、ギターを弾いたり、フルートを吹いたり、CDをかけたりして、憩いの雰囲気を楽しんでいる。

斎藤さんが作詞し、卵殻肥料を取り扱っている「ざから㈱」の社長の永井守夫氏が作曲したという「卵殻音頭」も披露された。へぇー。斎藤さんが作詞するなんてそんな趣味があったのかと、私は吃驚りした。卵殻とい

斎藤さん（左）と無農薬の野菜作りに取り組む家庭菜園受講生

うのは、卵の殻を高温遮熱処理し粉末にした農業資材「ランカル」のことで、今、斎藤さんの一番のお気に入りの肥料である。キューピーマヨネーズ社から大量に出る卵の殻を永井守夫氏が代表をつとめる「ざから㈱」が開発したもので、茨城県筑西市の肥料屋「㈱小野宗商店」が取扱っている。ここ数年前から斎藤さんは、卵殻ファンになった。卵殻を使うと作物の味がさらに旨みを引き出して、一段と美味しくなったと、惚れこんでいる。とくにトマトやキュウリ、スイカ・メロンなどの実のなるものに効果が現れている。卵殻カルシウム効能については第三章土壌の堆肥化と野菜作りの名人で詳しく述べている。

「卵殻音頭」が病みつきになった斎藤さんは、次々に「花の香り」「スカイスター筑波」と、筑西市近郊の花や風景を、作詞し、斎藤行正はいつの間にか作詞家気取りでご満悦だった。仲間の歌好きがＣＤに吹き込んで、みなに配っている。私も頂いたが、まだ聞く機会がない。斎藤さんの素晴らしいところは、農業に縛られて、窮屈な思いに追い立てられているのではなく、農業と異質な世界に心を遊ばせる余裕のある人生を歩んでいることである。

家庭菜園講座について、少し詳細に補足しよう。

これは築西市立黒子公民館の主催で、平成二十五年から開かれている。六月の第一土曜日が開講式で毎月毎週土曜日ごとに実習が行われ、十月の最後の土曜日に閉講式が行なわれる。都合十回、朝九時から午後四時まで、講師を引き受けた斎藤さんは、斎藤農園の圃場を提供している。地域に貢献しているのだ。受講生は毎年一五名～二〇名、定年を迎えて、時間にも人生にも余裕のある人達で、たのしみながらの講座だった。

たかが菜園講座かもしれないが、いでたちも仕事振りも本格的農家の人たちと寸分の違いもない。収穫物も見事な出来ばえである。昼の食後に木蔭で楽器を奏でたり、寝そべったりしている風景は、都会に暮らす者からしたら羨望の的だろう。これぞ田舎暮らしの特権、いくら銭を出しても買えない至福のひとときだ。

斎藤さんにとっても、コトバでは云い尽せない農業人冥利につきるひととき。普段の疲労が吹き飛ぶ心境だろう。講座に参加する会員は、ほぼ六十歳を過ぎている年令の高齢者だから、それなりに会社勤めの経験があり、社会に貢献してきたつわもの共だ。いくら農業がはじめてとはいえ、先生（斎藤さん）に、「ダメだやり直しだ!!　いくら云ったら分かるんだ」と厳しく云われると、つい腹がたつものだが、彼等は、「ハイ。ハイ」と苦笑しながら素直に返事をして、汗をぬぐい、不器用な手つきで畦作りのやり直しをしている。斎藤さんの真剣な言動を目の当たりにしていると、反発など誰も出来なくなる。毎年希望者が殺到し、一端会員になると、途中でダウンする人がいないから、一年、二年と待たなければならない人気講座だ。

「自分の畠の仕事があるのに、講座の日は、徹底して講師の任に当る。生徒より先生のほうが熱心で、どんなに暑くとも根を上げる様子をみたことがない」

「ちょっとくらいちょろまかして木蔭に駈け込んで、一休みしてこようかと先生の動きを盗み見るんだが、先生が熱心なので、やっぱり出来なくなる」

みな同じ気持ちだった。

「バテたものは、いいよ。無理すんな。木蔭でちょっとひと休みしてこいよ」

と、間をおいてときどき、斎藤さんの声が掛かる。本音は優しさをのぞかせるいい人なのである。だから参加した生徒たちの評価は高い。

自主運営だから参加者の中から代表や会計、幹事を決め、六月から十月まで、陽盛りを汗だくになって農に取り組む姿は、かけがえのない何んとも美しいものだった。

小玉スイカ十七万本の接ぎ木騒動を鎮静化させた斎藤行正さんの善意

小玉スイカの種をまいた筈なのに、大玉スイカだったという大騒動が起った。斎藤さんが住んでいる関城町（現筑西市）の隣町、協和町（現筑西市に合併）の騒動だ。協和町は小玉スイカの一大産地でスイカ作りで新境地をひらいた町だった。町ぐるみ町民の死活問題だと上よ下への大騒ぎになるのも無理はない。

定植が終って、どうもいつもの年と様子が違うと気がついたのは、着果段階に入った頃だった。果実が大きく成長するにつれて、

「こりゃえらいこった、大玉スイカだ!!」と気がついて、町中がてんやわんや。何しろ町ぐるみが小玉すいか作りで、百五十haのうち大玉スイカに化けたのが五十ha。小玉と大玉では栽培方法が違う。そのまま栽培するわけにはいかない。五十haがだいなしになる。当然生産者が怒った。種苗会社に抗議し、補償を申し入れた。原因は採種した種子の管理ミスで、大玉スイカ種苗が混ざったものといわれている。しかし、このようなミスの場合、補償は種子代しか認められていなかった。そこで結局、種子ではなく小玉スイカの苗で無償提供してくれることになった。その小玉スイカの苗作りを無償で支援したのが斎藤行正さんだった。

「隣町のことだ、他人事ではない。どれ、ひとつ手伝ってやるか――」

と、自分の畠もあるのに、自分の畠の栽培を減らして、救援苗作りに馳せ参じ

たのである。日夜取り組むこと一週間。

時期は少しずれてしまったが、苗作りをはじめたのは三月二十日頃のスタートになった。苗床を作り最初に台木のトウガンをまき、一週間後には紅小玉の播種をした。苗床作りに欠かせない籾殻の堆肥やランカル（卵の殻）は自分の家で作ったものを持って行き、堆肥のそなえがあったればこそ、救援苗作りがスムーズに行えたのである。

いよいよ接ぎ木の段階に入ってからが大変だった。総本数十七万本の接ぎ木をするのである。人海戦術だから人集めが、一日五十数人で六日間、わき目もふらずに整然とやらなければならない。

協和町の農家の人々が動員されるのは当然として、未熟な若者も年寄りもずぶの素人もかり出された。接ぎ木などやったことのない人まで、斎藤さんの指導で、みな真剣に取り組んだ。接ぎ木は十七万本におよんだが、結局満足に仕上った苗木は十五万本だったという。が、無菌苗の天下一品という良い苗が出来たそうだ。

その良苗が百二十戸の農家に配られ、四月末には無事に定植された。あとは小玉スイカを作った経験者ばかりだから、五月下旬頃には順調に着果して、六月の二十日過ぎには収穫が出来る見通しがついたと、協和町の農家のみなが、ほっと安心したという。小玉スイカのお化け騒動を斎藤さんの善意によって、切り抜けられた喜びを、協和町の人々は、感謝し、恩人だから決して忘れないと云っている。当の斎藤さんは、恬淡として、

「困っているときはお互いさまだ。お手伝いしただけ。なんとかお役に立ってよかった」

と、あっさり云うだけだった。

これまでにも、冷害で苗が枯れて困っているという話を聞けば救援苗を作ってやったり、研修生が研修を終えて帰るときには、季節ごとの野菜や苗をお土産に

持たせてやったりと、とに角、今どき珍しく心温かい殊勝な人柄なのである。

（園芸新聞資料要約）

皇室の御用達にスイカ「黄美呼《きみこ》」が選ばれる

丁度斎藤家を訪れたとき、宮内庁から木札が届いた。既に斎藤さんにはお知らせが届いていたようで、

「おそれ多いことだが、「黄美呼」（スイカ）を愛子様が大変気に入って下さったそうで、皇室の御用達になったんだ。その木札だよ」

と、斎藤さんは云いながら荷物をほどいて見せてくれた。

宮内庁の嘱託として皇居の田圃の管理を任されている東大客員教授の加藤正夫農学博士が、斎藤さんから預って、黄美呼を献上したのがきっかけだった。特に

愛子様が美味しいと大変気に入られ、加藤教授を通じて毎年献上していた。加藤教授のご専門は樹木の研究でとくに樹木の土壌に詳しく、農作物の土壌とも深く関わる観点から、斎藤さんの圃場をよく訪ねていた。

　そこで炭素系カルシウムの卵殻に深い関心

を示し、卵殻の研究もはじめられた。近々論文が完成するそうで、斎藤家に集まる卵殻愛好者や関係者が首を長くして待っている。とくに「ざから㈱」の永井守夫社長などは、「ランカラS」につづいて卵殻の粉末を液体化し「オーバルL」という製品化に成功した人だから、期待が大きい。

皇居の圃場に、卵殻を入れ、もち米の籾種を斎藤家から分けて貰って、苗代に撒き、皇居の米作りに貢献している。皇居の圃場にも卵殻を入れて、春先の水田の水が生温《なまぬる》くヌルヌルしている。卵の殻を入れると、微生物が繁殖し、活性化するので理想的な圃場になる。卵殻を入れない田圃は水が冷たく、土がかたく、ゴツゴツしている。違いがはっきり分るのは、収穫どき、大粒の米粒がまるくはち切れそうに実ることだ。

斎藤さんは決してそのことを人にひけらかさない。私にもこっそり告げて、恐れ多いことだから、胸にしまっておいて下さい。と念を押す。が、私は加藤教授の了解を得て、斎藤さんが農魂を養い世のため人のため、七十七年間農に励み生きてきた過程で、こんな名誉なことに出遭い、その痕跡を後世に残し、語り継ぐことも大切なことだと思い、私はここに述べることにした。

三月十六日から自治医大附属病院に入院して、咽頭がんの抗がん剤と放射線治療に入り、毎日のように電話が入り、「頑張ってるよ」とひと言。

「また明日かけます」と切れる。

「愛子様からお見舞を頂いた」こんな名誉な嬉しいことはない。早く元気になって、黄美呼を作り、献上したい!!と、呟く。

「入院はあと一ケ月、治療を頑張って、早く元気に退院したい。病院など俺には似合わない。俺は畠が似合う男だ」

と、気がはやる。

「愛子様に喜んで貰いたい!!」

「大丈夫。斎藤さんはまだ此の世で必要とされる人間だから、神様はちゃんと知っているから、心配しないで――。気を揉まないでゆっくり治療して下さい」

私は毎日、同じ言葉を祈るように繰返した。ときには、取材的な質問もしたりして、斎藤さんにとっても、九十歳を過ぎた私にとっても貴重な一日が流れてゆく。

〈**参考資料**〉

農業技術体系
有機農業の思想と技術　髙松修　コモンズ刊
自然農法（無Ⅲ）福岡正信　春秋社刊
よくわかる農薬問題　藤原邦達・本谷勲監修　合同出版㈱
革新農作法の巻　松田喜一　日本農友会刊
種の苗のキホン　誠文堂新光社
品種改良の世界史　うかい保雄・大澤良　悠書館
生きている土壌―腐植と熟土の生成と働き―
エアハルト・ヘニッヒ（中村英司訳）日本有機農業研究会刊
土壌・肥料の基本と作り方　ナツメ社
日本の農業　大内力・金沢夏樹・福武直編　東京大学出版会刊

長寿元で完全無農薬革命　矢崎栄司編　ほんの木刊
現代農業（月刊誌）農文協刊

あとがき

素人の私が農業の本を書くことに、躊躇がないはずはありません。多いに躊躇しました。五、六年前のことです。那須板室温泉の「山のホテル」で斎藤さんに十数年振りにお会いして、斎藤さんの従兄弟の吉野さんと三人で一献交わしながら話しているうちに、十数年の斎藤さんとの距離は一気に縮まりました。今は亡き桐生の「㈱薬草研究所」所長の阿久沢うめよ女史が開発した漢方による農業資材、土壌改良活性剤「長寿元」の開発当時、斎藤さんとはじめて面識を持ち、その頃からの交流に戻っていたのです。

一晩中話がはずみ、斎藤さんは相変わらず農へのパッション（情熱）は昔のように燃えていました。その熱意に引き込まれて、話しているうちに「俺にことを書いてくれ」と何度か云われていたことを思い出し、私は斎藤さんの農業人としての足跡を後世に書き残しておく必要を直感したのです。その時点では全く、斎藤さんを書くことに躊躇などよぎりもしませんでした。

当時まだ四十代の後半から五十代にかけてでしたが、私は「長寿元」の全国キャンペーンに従いてまわり、農業の分野にどっぷりと漬かって農の勉強をしました。斎藤さんの畠へもよく訪ねました。土壌改良活性剤とうたわれた「長寿元」の実験農場を名乗り出た斎藤さんは有機栽培を提唱し、一に土、二に土、三にも土と陶芸家の加藤康九郎さんが云った言葉を呟いて、土壌の堆肥化に取り組んでいる真最中でした。農業に興味を持つことと、食文化にも興味を持つことはイコール、私は無農薬栽培の新鮮食材で、私流料理を研究し、レシピも書きたいと欲張って、執筆意欲をかきたてられていたことを思い出します。食文化に興味をもったのも事実で、やはり親しくしていた足尾出身のフランス料理のシェフ菅沼豊明さんがこだわっていた新鮮な食材、無農薬で作った健全な食材を全国に求めていた菅沼さんを思い出したのです。

非常識ヤサイ作りが話題になっていることを農業の月刊誌で読んだとき、直ぐ斎藤さんが浮かびました。化学肥料や農薬問題が社会的にクローズアップしてからは、農家に変化がおこり、みな競って、減農薬や無農薬を試み、己の農への視点を変えたのです。非常識ではなく、それぞれが研究を重ねた結果、ユニークなヤサイ作りを考案したのですから、非常識ヤサイ作りと呼ぶのは、失礼ではないかと思います。

斎藤さんはヤサイ農家でしたから、とくに人一倍研究熱心で、野菜の新接ぎ木法を考案し、珍しい西瓜苗を生み出しました。稲作より野菜作りのほうが面白いと云って、追求をゆるめませんでした。

私が最初に読んだ農業書は、松田喜一氏の「革新農作法の巻」でした。戦後間もない日本の焼野原を、食料に変える奮闘をした四国の農聖とあがめられた松田

喜一さんの著書です。私は感動しました。その本の魅力の虜になりました。斎藤さんに話すと
「そうか。心眼百姓か――　俺もそっちだな」
斎藤さんが同調したことを思い出します。人間がこの地球に生存する限り、人間の生存を支えてきたものは、食料であり、その食材は農から提供される。その農を可能にするのは一にも二にも『土』です。焼きものの陶聖といわれた加藤康九郎が、焼きものは一に土、二も土、三も土、四、五がなくて六も土というくらい『土』は焼きものにとっていのちでした。農にとってもいのちです。『土』あっての農である。農聖松田さんは一に土、二にも土、三も土、地球に土があるから農が出来る。農業に携わるものは、その土を耕す。種をまく。肥料を施す。そうすればあとは自然が実らせてくれる。人間は真摯に自然の手伝いをすれば良い。と云っています。

如何に工業化やＩＴ化が進化しようと、人間の生存を確固たるものにするものは食料である、食料なくして生存はあり得ない。と強く云っています。

農を神と称えることを現代の人々は忘れていやしませんか。

今日のコンピューターテクノロジーの進化によって、やがて人間が滅ぼされやしまいか！　そんな不安な夢を見たことがあります。いや、夢ではありません。五十年前大学に勤めていたとき、情報科学研究教育センターという研究所でコンピューターに関わっていたとき、研究者同士で交わしていた言葉です。コンピューターが、農をも支配する勢いの今日、神への冒瀆ではないか――そんな憤りをこめながら、社会は進歩を止めることは出来ません。コンピューターテクノロジーの発展は、月への旅行も可能にしました。が、斎藤さんは、己の人生を賭して、農にいそしんできました。自然環境農法をかかげ、土壌の堆肥化を目指し、農のいのちである「土」に己のいのちを託したのです。その斎藤さんの真摯に農に喜びと感謝を持って取り組んできた姿を書きました。五年もかかってしまいましたが、九十歳の老躯に鞭打ってやっと書き上げた次第です。斎藤さんがこの春咽頭ガンで入院なさり、西瓜の名人が、とりわけ黄美呼の作付けをすることが出来ず、口惜しい思いを胸に、自宅療養をなさっていらっしゃいますが、その斎藤さんの魂を慰める出版になれば、私も嬉しく、少しはお役に立てたかなと思います。

間違った農業用語や農業技術、実践の表現に不安を抱きつつ、もとより浅学蒙昧な私、日本国中の農業人のみなさまの寛大なご容赦をお願い致します。

実は、農に携わってない人々に、一人でも多く読んで頂きたく切に願います。

次にお詫びとお願いがあります。農文協、農業新聞、各都市新聞、園芸新聞、各社の掲載写真をお借りしましたこと、事後承諾でこの場を借りてお詫びとお礼を申し上げます。それから「ザカラ㈱」現地の「㈱東洋農事」「㈱小野宗商産」のご協力心よりお礼申し上げます。またまた今回も龍書房の青木さんはじめ編集部のみなさまには難解な原稿を書物にしていただき感謝してもしきれません、有難うございました。

二〇二一年　盛夏

三浦佐久子

著者略歴　三浦佐久子（みうら さくこ）

1929年栃木県生れ。東洋大学短期大学日本文学科卒。

1969年東洋大学付置研究所「情報科学研究教育センター」に勤務し、第一回新潮新人賞候補を機に文筆活動に。

1988年足尾銅山のドキュメント「壷中の天を求めて」（下野新聞社刊）（閉山後のヤマの町に見捨てられた人々を描く）で、第３回地方出版文化功労賞。他に小説「遅過ぎた結婚」（檸檬社刊）「おたふく曼陀羅」（叢文社刊）「雪松という女」（龍書房）「危うし日本列島」（共著・叢文社刊）（第３の農業－漢方農法－を開拓した阿久沢うめよ）「歴史と文学の回廊」（共著・ぎょうせい刊）「犬に日本語が分かるか」（日本ペンクラブ編）「足尾万華鏡」（随想舎刊）「歴史・時代小説ベスト113」（中公文庫）「日本名作事典」（平凡社）「歴史・時代小説事典」（実業の日本社）「新田次郎文学事典」（新人物往来社）各執筆他文庫本解説など執筆多数。

日本文芸家協会々員、日本ペンクラブ会員、大衆文学研究会・神奈川支部各会員、金属鉱山研究会々員。2019年秋、「自立型老人施設」アクーユ芦野倶楽部へ入居（栃木県那須町芦野1469－264）。現在に至る。

斎藤行正さんの自然環境農法による
ユニーク野菜人生

一、七〇〇円（本体一、五四五円）

二〇二一年十一月十二日　初版発行

著　者　三浦佐久子
発行者　川畑　弘
発行所　龍　書　房
東京都新宿区山吹町三五二
㈱アドヴァンス内
電　話　〇三－六二八〇－七三五五
ＦＡＸ　〇三－三二六〇－九五七二

印刷・製本　㈱アドヴァンス